KÜCHEN

DAS WICHTIGSTE

TERENCE CONRAN KÜCHEN

DAS WICHTIGSTE

PLANEN, EINRICHTEN & WOHNEN

Aus dem Englischen von Barbara Meder

Deutsche Verlags-Anstalt

Inhalt

Dualit

EINFÜHRUNG

PLANUNG &
UMSETZUNG

AUSSTATTUNG &
ZUBEHÖR

DEKOR & DETAILS

Einführung

Die Küche von heute ist weit mehr als nur ein Raum, in dem Speisen zubereitet werden. Sie fungiert als Esszimmer, Besprechungsraum, Spielzimmer und natürlich als Arbeitszimmer für Hausaufgaben jeglicher Art. Oder anders gesagt: Sie ist zum zentralen Treffpunkt des Zuhauses geworden, wo Familie und Freunde zusammenkommen und das tägliche Leben sich abspielt.

Dass die Küche immer mehr ins Zentrum des Interesses gerückt ist, hat die Planung von Häusern und Wohnungen von Grund auf verändert. Abgeschlossene Küchen, wo im Verborgenen gekocht und gebacken wird, gibt es immer seltener. Stattdessen entwirft man Küchen mit eigenem Essbereich oder integrierte Küchen, die Teil des Wohnbereichs sind. Die neuen Küchen sind zwar nicht unbedingt größer, aber um einiges offener und kommunikativer als die alten. Besonders luftig und entsprechend beliebt sind Küchen mit direktem Zugang zu Balkon, Terrasse oder Garten.

Das Konzept der Küche als Lebensraum ist relativ neu. Als die Hausarbeit noch von Bediensteten erledigt wurde, war die Küche ein unterirdisches Reich, das die Herrschaft meist nur betrat, um Anweisungen für das Dinner zu geben. Die Traumküche der Nachkriegszeit war ein Tempel des technischen Fortschritts, wo Arbeitsplatten aus Melamin und hilfreiche Geräte der gestressten Hausfrau Erleichterung für die mühselige und zeitraubende Essenszubereitung versprachen.

Als man in den 1960er und 1970er Jahren des letzten Jahrhunderts anfing, in der Küche zu es-

sen und Gäste zu bewirten, waren »Stilküchen« der große Trend: Landhausküchen in Stadtwohnungen, nostalgische Küchen in modernem Ambiente, mediterrane Küchen im hohen Norden. In den folgenden Jahrzehnten entwickelte die Küche sich zum Statussymbol, und zwar selbst bei Leuten, die so gut wie nie kochten. Seit die gehobene Gastronomie dank Kochsendungen im Fernsehen und neuen Restaurantkonzepten auch bei Normalverdienern Einzug gehalten hat, stehen Profiküchen auf dem Wunschzettel ganz oben. Ein Kochtempel mit Edelstahloberflächen und Hightech-Geräten gilt bei Vielen als das »It-Piece« im Küchendesign schlechthin.

Weil man in der Küche immer mehr Zeit mit Dingen verbringt, die nicht unbedingt etwas mit

LINKS: EINE KOMBINATION AUS SCHLICHTEN DETAILS, KRÄFTIGEN FARBEN UND NATÜRLICHEN MATERIALIEN MACHT DIESE LANDHAUSKÜCHE ERFRISCHEND MODERN.

OBEN: ORGANISATION IST IN DER KÜCHE DAS A UND O. HIER WERDEN UNTERSCHRÄNKE DURCH EIN REGAL UND EINE SCHIENE FÜR KÜCHENUTENSILIEN ERGÄNZT.

Fortsetzung

Einführung

Kochen zu tun haben, geht man heute dazu über, den Raum auf seine Benutzer und ihre Gewohnheiten abzustimmen. Das soll nicht heißen, dass Design kein Thema mehr ist. Es bedeutet vielmehr, dass bei der Planung Individualität und Komfort eine wichtigere Rolle spielen sollten als ein durchgestyltes Äußeres.

Die Küche ist das Herz des Hauses und das meiste dreht sich hier ums Essen – die Vorbereitung, das Kochen und das Genießen. Eine gemeinsame Mahlzeit bedeutet mehr als nur gleichzeitig zu essen, sie ist sozusagen der Klebstoff, der die Familie zusammenhält. Viele Dinge erledigt man heute virtuell – kommunizieren, einkaufen, spielen, arbeiten. Die Küche dagegen ist ein Ort, wo das richtige Leben stattfindet.

Ob klein oder groß, maßgefertigt oder individuell kombiniert – Küchen müssen vor allem praktisch sein. Dazu braucht man eine vernünftige Planung mit gut platzierten Anschlüssen und Geräten, genug Platz zum Arbeiten und Aufbewahren und durchdachten praktischen und ästhetischen Details. Weil die Küche als Lebensraum ständig genutzt wird, fallen Unzulänglichkeiten umso mehr ins Gewicht. Für einen zweckmäßigen und stilvollen Koch- und Essbereich muss man aber kein Vermögen ausgeben wie Küchenhersteller uns gerne glauben machen wollen. Man sollte allerdings genug Zeit investieren, um alles genau durchzuplanen. Denn nur so wird eine Küche – egal, für welchen Stil man sich entscheidet – zu einer funktionierenden Einheit.

OBEN: EINE L-FÖRMIGE KÜCHE MIT SCHLICHTEN FRONTEN BILDET IN DIESEM OFFENEN WOHNRAUM DAS ZENTRUM DER FAMILIENAKTIVITÄTEN.

RECHTS: MIT PREISWERTEN STÜHLEN UND EINEM SCHLICHTEN TISCH BEKOMMT DIESE KLEINE KÜCHE EINEN PRAKTISCHEN ESSPLATZ.

Dualit

EINFÜHRUNG

PLANUNG & UMSETZUNG

AUSSTATTUNG & ZUBEHÖR

DEKOR & DETAILS

Festlegen der Eckdaten

Wenn Sie Ihre Küche planen, sollten Sie zunächst Ihre Prioritäten festlegen und den vorhandenen Raum genau ausloten.

- Wer nutzt die Küche?
- Kochen Sie regelmäßig oder eher sporadisch?
- Wie und was kochen Sie normalerweise?
- Welche Aktivitäten finden in Ihrer Küche statt? Gibt es Aktionsbereiche, die Sie integrieren möchten?
- Wollen Sie in der Küche auch essen?
- Ist Ihre momentane Küche groß genug oder brauchen Sie mehr Platz?
- Ist Ihre Küche gut platziert oder wäre sie in einem anderen Raum besser aufgehoben? Liegt sie in der Nähe des Eingangs? Hat sie einen Außenzugang?
- Lässt sich die Infrastruktur verbessern (zum Beispiel durch zusätzliche Steckdosen)?
- Hat Ihre Küche ausreichend Tageslicht? Wenn nicht, würden größere Fenster eine bessere Lichtsituation schaffen?
- Wie viel Stauraum brauchen Sie? Kaufen Sie viel auf Vorrat?
- Welche Elektrogeräte brauchen Sie? Müssen Waschmaschine und Trockner in die Küche oder ist woanders dafür Platz?
- Möchten Sie lieber eine Einbauküche, eine Küche mit freistehenden Einheiten oder eine Kombination aus beidem?
- Was möchten Sie gerne offen aufbewahren?

OBEN: KÜCHENINSELN SIND IDEAL, WENN MAN GERNE IM TEAM KOCHT. ALLERDINGS BRAUCHT MAN DAFÜR EINEN GROSSZÜGIGEN GRUNDRISS.

RECHTS: EIN DIREKTER ZUGANG NACH DRAUSSEN VERKÜRZT DEN WEG ZU KÜCHENKRÄUTERN UND FREISITZ.

Umbauaufwand

Wie viel Zeit und Geld Sie in Ihre neue Küche investieren, hängt in erster Linie davon ab, wie groß Ihr Budget ist und wie lange Sie in Ihrem Zuhause voraussichtlich wohnen werden.

Renovierung

Mit der einen oder anderen Verschönerungsmaßnahme bekommt eine alte Küche bei überschaubarem Aufwand ein frisches Gesicht. Diese Option sollten Sie in Betracht ziehen, wenn Sie zur Miete wohnen, wenn die Küche ansonsten gut in Schuss ist oder wenn Sie in absehbarer Zeit umziehen. Zu den Maßnahmen zählen:

- Ein neuer Anstrich, neue Kacheln, neuer Boden
- Eine neue Arbeitsplatte
- Neue Fronten und Griffe für Schränke und Schubladen
- Eine bessere Beleuchtung

Modernisierung

Wenn Sie bereit sind, mehr zu investieren, können Sie einzelne Teile der Küche austauschen oder den Raum komplett neu einrichten. Zu den Maßnahmen zählen:

- Neue Einbauschränke oder Küchenmöbel
- Modernere Einbaugeräte
- Eine neue Aufteilung
- Eine bessere Infrastruktur (versetzte Heizkörper, zusätzliche Steckdosen)

LINKS: EIN ANGEBAUTER WINTERGARTEN ERWEITERT DIE KÜCHE NACH DRAUSSEN UND SCHAFFT RAUM FÜR EINEN LUFTIGEN ESSPLATZ.

RECHTS: AUCH PREISWERTE KÜCHEN KÖNNEN DURCHAUS CHARMANT SEIN. GEBRAUCHTE MÖBEL UND ELEMENTE AUS DEM BAUMARKT HALTEN DIE KOSTEN NIEDRIG.

Neubau

Diese Option ist mit Abstand die aufwändigste und teuerste, da sie bauliche Maßnahmen und professionelle Unterstützung erfordert. Zu den Maßnahmen zählen:

- Vergrößerung der Küche (in die Breite oder in die Tiefe)
- Entfernung von Trennwänden
- Vergrößerung von Fenstern und Türen
- Versetzen der Küche in einen anderen Raum mit Installation neuer Anschlüsse

Hilfe vom Profi

Wie viele und welche Dienstleistungen Sie in Anspruch nehmen müssen, hängt davon ab, wie aufwändig Sie Ihre Küche planen. Lassen Sie sich nicht dazu verleiten, alles selbst zu machen, um Geld zu sparen – die Montage einer Einbauküche ist nichts für schwache Nerven.

Vergewissern Sie sich, dass Ihre Helfer ihr Handwerk auch wirklich verstehen. Lassen Sie sich Referenzen nennen und fragen Sie nach. Halten Sie alle Vereinbarungen schriftlich fest – von der detaillierten Leistungsbeschreibung über die Kostenaufstellung bis zum Zeitplan.

Küchenplaner

- Für größere Vorhaben (besonders solche, die bauliche Veränderungen mit sich bringen und Genehmigungen brauchen) sollten Sie einen Architekten oder Innenarchitekten hinzuziehen, der Ihnen zumindest in der Vorbereitungsphase hilft.
- Planungsprofis von Küchenbauern oder Einrichtungshäusern helfen Ihnen dabei, Ihre Küche passgenau einzurichten.
- Wenn Sie größere Umbau- oder Installationsarbeiten planen, brauchen Sie unter Umständen einen Sachverständigen.

Küchenbauer & -installateure

- Bei größeren Bauvorhaben sollten Sie eine erfahrene Firma beauftragen, die alle geplanten Arbeiten sauber ausführt.
- Viele Küchenbauer und Einrichtungshäuser bieten einen eigenen Montageservice.

- Neue Anschlüsse müssen von qualifizierten Elektrikern und Klempnern oder dem zuständigen Energie- und Wasserversorger installiert werden.
- Wer Wert auf eine passgenaue Lösung legt, kann einen Möbelschreiner mit dem Bau der Küche beauftragen.

OBEN: IN DIESER MASSGEFERTIGTEN KÜCHE VERSCHLIESSEN GRIFFLOSE SCHWEBETÜREN, DIE SICH NACH OBEN ÖFFNEN, VERBORGENEN STAURAUM.

RECHTS: EIN DOPPELHERD IM PROFI-LOOK IST DAS HERZSTÜCK DIESER MASSGEFERTIGTEN KÜCHE. UM DEN VORHANDENEN PLATZ OPTIMAL ZU NUTZEN, WURDE DIE KOCHINSEL UM EINE SÄULE GEBAUT.

Kalkulation & Kauf

Eine neue Küche ist eine beträchtliche Investition. Bevor Sie Ihre Planung abschließen, rechnen Sie noch einmal genau nach, ob Ihr Budget dafür auch wirklich ausreicht. Kalkulieren Sie 5 bis 10 Prozent der Gesamtsumme als Puffer ein, damit Sie für mögliche Probleme bei der Umsetzung finanziell gerüstet sind. Neben den Kosten für Möbel, Geräte, Ausstattung und Zubehör können auch Honorar- und Lohnkosten für Beratung, Planung, Abrissarbeiten, Transporte und Installationsarbeiten anfallen.

Ob Sie Ihre Küche von der Stange kaufen, in einem Küchenstudio bestellen oder nach Maß anfertigen lassen, hängt – wie schon gesagt – vor allem von Ihrem Budget ab. Wenn Sie sich nicht alles leisten können, was Ihnen vorschwebt, kann ein Küchenberater oder Designer oft gute Alternativen aufzeigen, zum Beispiel eine andere Arbeitsplatte oder einen günstigeren Bodenbelag.

Praktische Überlegungen

- Die meisten Einrichtungshäuser bieten keinen Aufmaß-Service an, was für Sie bedeutet, dass Sie selbst alles exakt ausmessen müssen.
- Oft wird beim Abschluss des Kaufvertrags eine Anzahlung von rund 25 Prozent fällig. Achten Sie auf das Kleingedruckte, um teure Rücktrittsklauseln zu vermeiden.
- Erkundigen Sie sich, ob Ihr Anbieter für Möbel, Elektrogeräte und Installation eine Garantie auf Material- und Verarbeitungsfehler gewährt.
- Lassen Sie sich ein schriftliches Angebot machen, in dem alle Details des Auftrags (Umfang, Kosten und Timing) festgehalten sind.

OBEN: DIESE KÜCHE WURDE AUS GEBRAUCHTEN ELEMENTEN PASSGENAU ANGEFERTIGT. WEIDENKÖRBE UND KÜCHENUTENSILIEN IM RETROSTIL KOMPLETTIEREN DEN RUSTIKALEN LOOK.

LINKS: GERADLINIGE SCHRÄNKE GEBEN DER KÜCHE EIN MODERNES GESICHT. DIE HONIGFARBENEN HOLZELEMENTE BILDEN EINEN SCHÖNEN KONTRAST ZUM DOMINIERENDEN WEISS.

Ergonomie

Ergonomie beschäftigt sich damit, wie sich Menschen beim Arbeiten bewegen. Gutes ergonomisches Design sorgt dementsprechend für mehr Komfort und weniger Verletzungen. Einschlägige Küchenstudien haben gezeigt, dass sowohl die Sicherheit als auch die Effizienz leiden, wenn der Weg zwischen Kühlschrank, Herd und Spüle zu weit ist. Darum ist das wichtigste Prinzip in der Küchenplanung das so genannte Arbeitsdreieck.

- Der Abstand zwischen den drei Arbeitsbereichen sollte maximal 6 Meter betragen. Um die einzelnen Arbeitszonen herum müssen mindestens 90 Zentimeter frei bleiben, damit man sich frei bewegen und Schrank- und Gerätetüren öffnen kann.
- Neue Wasseranschlüsse sind aufwändig und teuer. Darum nimmt man bei der Planung der Küche am besten den bestehenden Spülenanschluss als Ausgangspunkt. Unterbrechen Sie das Arbeitsdreieck nicht mit hohen Elementen.
- Einbauschränke und Küchengeräte haben Standardmaße, was die Kombination der einzelnen Elemente erheblich vereinfacht. Unterschränke haben meist eine Grundfläche von 60 x 60 Zentimetern und eine Höhe von 90 Zentimetern. Außerdem gibt es auch höhere, schmalere und weniger tiefe Elemente, mit deren Hilfe Sie den vorhandenen Platz optimal nutzen können.
- Richten Sie Ihre Küche so ein, dass Sie sich möglichst wenig bücken und strecken müssen. Stellen Sie schwere Teile nach unten – am besten in tiefe Schubladen, die sich leicht ausziehen lassen.

OBEN: TIEFE SCHUBLADEN BIETEN VIEL PLATZ FÜR GESCHIRR. DIESE HABEN EINEN EINGEBAUTEN DÄMPFER, DAMIT DIE TELLER BEIM AUF- UND ZUMACHEN NICHT KLAPPERN.

RECHTS: AN EINER EDELSTAHLRELING ÜBER DER KOCHZONE SIND KELLEN UND PFANNENWENDER SCHNELL ZUR HAND.

Küchengrundrisse

Wie praktisch eine Küche ist, hängt weniger von Größe und Schnitt des Raums ab, sondern vielmehr davon, wie man ihn nutzt. Jeder der folgenden sechs Grundrisse basiert auf dem Prinzip des Arbeitsdreiecks und sorgt für reibungslose Abläufe in der Küche.

Einzeilig

- Einfacher Grundriss, der sich gut für schmale Räume und offene Küchen eignet
- Platz zum Arbeiten für 2 Personen
- Braucht idealerweise 3 Meter durchgängige Wandfläche
- Beste Platzierung der größten Arbeitsfläche: zwischen Herd und Spüle
- Erfordert Einbau- oder Unterbaugeräte
- Kann mit Schiebe- oder Ziehharmonikatüren abgetrennt werden

Zweizeilig

- Praktischer Grundriss für kleine oder schmale Räume mit gegenüberliegenden Arbeitsflächen
- Bei sehr kleinen Räumen nur als Ein-Personen-Küche geeignet
- Braucht zwischen den Zeilen mindestens 1,20 Meter Platz

L-förmig

- Vielseitiger Grundriss für integrierte Wohn- oder Essküchen mit Elementen an zwei aneinandergrenzenden Wänden
- Großzügige Arbeitsflächen zum Vorbereiten und Abstellen zwischen Herd, Kühlschrank und Spüle

U-förmig

- Flexibler Grundriss für große und kleine Räume mit Elementen an drei Wänden
- Maximale Arbeitsfläche und maximaler Stauraum
- Platz zum Arbeiten für mehrere Personen
- Braucht in der Mitte mindestens 2 Meter Abstand
- Optimale Platzierung des Arbeitsdreiecks in langen, schmalen Räumen: im unteren Teil des U, damit die Entfernung zwischen den Arbeitszonen nicht zu groß wird

LINKS: DURCH DAS SCHLANKE DESIGN DIESER EINZEILIGEN KÜCHE BLEIBT EIN BREITER ZUGANG ZUM ESSBEREICH. BIS AUF WENIGE AUSNAHMEN VERSCHWINDEN ALLE KÜCHENGERÄTE IN DEN SCHRÄNKEN.

Fortsetzung

Küchengrundrisse

Mit Kochinsel

- Variante des L- oder U-förmigen Grundrisses mit freistehendem Arbeitsbereich, an dem mehrere Leute gleichzeitig arbeiten können
- Für große Räume und offene Koch-Ess-Bereiche
- Kommunikatives Konzept, das den Koch beim Arbeiten nicht isoliert
- Mit eigenen Strom- und Wasseranschlüssen, die unter dem Boden zugeführt werden, als Koch- und Spülplatz nutzbar
- Ohne Anschlüsse als Stauraum und zusätzlicher Arbeitsplatz nutzbar

Mit Tresen

- Variante des L- und U-förmigen Grundrisses mit auskragender Arbeitsplatte
- Perfektes Bindeglied zwischen einer kompakten Küche und einem offenen Wohnbereich
- Dreifachnutzen als Arbeitsplatz, Essplatz und Trennelement, um Küchenarbeiten vom Wohnbereich abzuschirmen

OBEN: DER KLEINE TRESEN BIETET ZUSÄTZLICHE ARBEITSFLÄCHE UND DIENT AUSSERDEM ALS GEMÜTLICHER ESSPLATZ FÜR ZWEI.

RECHTS: DIESE GROSSE KOCHINSEL AUS MARMOR IST PFLEGELEICHTER ARBEITSPLATZ UND STYLISHE BAR IN EINEM.

Küchentypen

Wenn Sie einen Grundriss ausgewählt haben, steht eine weitere wichtige Entscheidung an: Einbauküche oder möblierte Küche. In den 1950er Jahren galt die komplette Einbauküche als Nonplusultra der Wohnkultur, und auch heute ist dieser Küchentyp extrem beliebt. Modulare Küchen mit freistehenden Elementen haben die möblierte Küche um eine moderne und kombinationsfreudige Variante erweitert. Viele Küchenbesitzer kombinieren aber auch Einbauelemente und freistehende Möbel zu einem ganz individuellen Design.

Wenn Sie nicht viel Platz haben, ist eine Einbauküche meist die beste Option. Mit guter Planung können Sie so jeden Zentimeter des Raums nutzen. Außerdem sehen Einbauküchen generell aufgeräumter auf, was besonders in einer offenen Küche von Vorteil ist. Allerdings ist es schwierig, eine Einbauküche in mehreren Etappen anzuschaffen oder in die neue Wohnung einzubauen, wenn man sich räumlich verändert.

Möblierte Küchen bestanden früher aus freistehenden Klassikern wie Anrichten oder Hackblöcken. Seit Vorzeigeobjekte wie Retro-Kühlschränke oder Wärmespeicherherde immer öfter auf der Wunschliste angehender Küchenbesitzer stehen, zeichnet sich auch ein neuer Trend in Richtung modulare Küche mit integrierten Anschlüssen und freistehenden Elementen ab, die nicht selten Anleihen in der Profiecke macht. Der Vorteil dieses Konzepts liegt darin, dass man die Küche budgetfreundlich Stück für Stück ausbauen und beim Umzug einfach mitnehmen kann.

OBEN: DER RUSTIKALE HACKBLOCK PASST EXAKT IN DIE NISCHE UND KANN BEI BEDARF EINFACH HERAUSGEROLLT WERDEN.

LINKS: DIE DUNKLEN HOLZFRONTEN UND WANDPANEELE WIRKEN AUSGESPROCHEN MODERN. VERDECKTE ARBEITSLEUCHTEN UNTER DEN SCHRÄNKEN HIGHLIGHTEN DIE HELLE ARBEITSPLATTE.

Designvarianten

Bei all dem Nachdenken über Ergonomie und Funktionalität sollten Sie eines nicht vergessen: Ihre Küche muss natürlich auch zu Ihnen und Ihrem Lebensstil passen. Weil Sie dort ziemlich viel Zeit verbringen, müssen Sie sich zwischen Herd und Esstisch rundum wohlfühlen.

Ein echter Evergreen ist die Landhausküche mit ihrem schlichten und entspannten Ambiente. Natürliche, robuste Materialien und Ausstattungsklassiker wie Spülsteine, Anrichten oder Servierwagen bringen auch ohne Luxusausstattung viel Wohnqualität. Am schönsten sind große Landhausküchen mit freistehenden Möbeln – eine Einbauküche im Country-Look sieht immer wie ein schlechter Nachbau aus. Es spricht allerdings auch nichts dagegen, sich bei der Einrichtung von den Küchen weiter entfernter Landhäuser inspirieren zu lassen. Wer beispielsweise gerne asiatisch kocht, fühlt sich mit Stilelementen aus Japan oder Thailand ganz sicher wohl.

Am anderen Ende des Spektrums steht die Profiküche in Edelstahl. Ihr schnörkelloses Design und eine ganze Batterie hochwertiger Geräte und Utensilien signalisieren, dass hier ernsthaft gekocht wird. Für diesen Küchentyp braucht man nicht unbedingt viel Platz, denn oft sind es gerade kleine Küchen, die ambitionierte Köche zu kulinarischen Höchstleistungen antreiben.

OBEN: OBERFLÄCHEN IN EDELSTAHL SIND DAS MARKENZEICHEN MODERNER PROFIKÜCHEN. DER NACHTEIL: SIE SIND ZIEMLICH PFLEGEINTENSIV.

RECHTS: DIESE LANDHAUSKÜCHE LEBT VON OFFENEN REGALEN UND FÄCHERN MIT WEIDENKÖRBEN. HERD UND DUNSTABZUG BILDEN EINEN SCHÖNEN KONTRAST.

Offene Küchen

Offene Küchen, die neben dem Kochen und Essen verschiedensten Zwecken dienen können, sind in den letzten Jahren immer beliebter geworden. Solche flexiblen Formen umfassen Essküchen, Multifunktionsräume mit Kochzone und Familienküchen, in denen alles und alle zusammenkommen.

Die wichtigste Regel bei der Planung ist hier: großzügig denken. Der eigentliche Kochbereich muss zwar genau wie bei allen anderen Grundrissen akribisch geplant werden, das fertige Ensemble darf aber nie kleinteilig wirken. Nur so wird Ihre offene Küche zu einem luftigen und inspirierenden Ort, an dem man zwanglos kochen, essen und plaudern kann.

Was eine offene Küche überhaupt nicht verträgt, ist Unordnung. Sorgen Sie darum mit viel Stauraum für alle Eventualitäten des täglichen Lebens vor: Rollcontainer, Boxen mit Deckel, Konsolen mit integriertem Stauraum oder Sitztruhen sind perfekt, um Zeitungen, Spielsachen und andere Randerscheinungen Ihres Familienlebens blitzschnell verschwinden zu lassen.

Wenn Ihre Kinder noch klein sind, achten Sie in der Küche besonders auf Sicherheit. Bringen Sie freiliegende Kabel außer Reichweite, drehen Sie die Griffe Ihres Kochgeschirrs vom Herdrand weg und bringen Sie an den Schranktüren Schlösser an.

OBEN: ZWEI SEPARATE ZIMMER WURDEN ZU EINEM OFFENEN UND GROSSZÜGIGEN RAUM ZUSAMMENGEFÜHRT. IM HINTEREN BEREICH HAT DIE NEUE ESSKÜCHE EINEN SCHÖNEN PLATZ GEFUNDEN.

LINKS: DER AUFGESETZTE STAHLTRÄGER DIENT ALS ERHÖHTER SERVIERTRESEN UND ELEGANTER SICHTSCHUTZ.

Fortsetzung

Offene Küchen

Abtrennungen

Jeder Bereich, der für verschiedene Aktivitäten genutzt wird, wird ohne eine klare Struktur leicht unübersichtlich. Oft gibt der Raum selbst eine sinnvolle Gliederung in unterschiedliche Bereiche vor: Ein L-förmiger Grundriss etwa bietet sich für eine Aufteilung geradezu an.

Auch unterschiedliche Bodenbeläge können Aktionszonen voneinander abgrenzen. Der Küchenboden sollte auf jeden Fall strapazierfähig und pflegeleicht sein, für den Wohn- und Essbereich können Sie auch jeden anderen Belag wählen. Besonders schön ist die Kombination von zwei Materialien derselben Farbwelt wie cremefarbene Keramikfliesen und helles Holz.

Alternativ kann eine einzelne Wand in einer kräftigen Farbe oder mit einer gemusterten Tapete einen abgegrenzten Bereich wie den Essplatz definieren.

Eine offene Küche lebt von fehlenden Wänden. Aus praktischen und ästhetischen Gründen macht es aber Sinn, zumindest eine rudimentäre Trennung zwischen dem Kochbereich und dem Rest der Wohnung vorzusehen. Diese Abgrenzung schafft den nötigen Abstand für konzentriertes Kochen und schirmt Chaos in der Küche geschickt ab. Gute Optionen sind Tresen mit erhöhtem Aufsatz oder Schiebetüren, die bei Bedarf geschlossen werden. Auch offene Regale eignen sich gut als luftige Raumtrenner.

OBEN: IN DIESER OFFENEN KÜCHE DEFINIERT NUR DIE PLATZIERUNG DER MÖBEL DIE UNTERSCHIEDLICHEN AKTIONSBEREICHE.

RECHTS: EIN ARM DER L-FÖRMIGEN KÜCHE TRENNT DEN KOCHBEREICH ELEGANT VOM REST DES RAUMS.

CONDENSED
GREEN PEA
SOUP
Campbell's
CONDENSED
BEEF
SOUP
Campbell's
CONDENSED
CHICKEN NOODLE
SOUP

Fortsetzung

Offene Küchen

Praktische Überlegungen

- Beim Kochen entsteht viel Hitze und Dampf. Darum ist eine vernünftige Be- und Entlüftung extrem wichtig. Planen Sie Ihre Küche am besten so, dass beim Öffnen von Türen und Fenstern ein Durchzug entsteht, der schlechte Luft nach draußen transportiert. In offenen Küchen brauchen Sie auf jeden Fall auch eine leistungsfähige Dunstabzugshaube, die fettigen Dunst und störende Gerüche zuverlässig absaugt.
- Denken Sie bei Ihrer Planung auch an die Geräuschentwicklung. Viele hätten Waschmaschine und Trockner aus praktischen Gründen gerne in der Küche. Solange das Schleudern und Rumpeln Sie nicht stört, ist das auch kein großes Problem. Wenn Sie beim Kochen allerdings eine ruhige Atmosphäre bevorzugen, sollten Sie die Geräte lieber woanders unterbringen, zum Beispiel im Bad oder in einem Hauswirtschaftsraum.
- Wer mit scharfen Messern, heißen Pfannen und fein skalierten Messbechern hantiert, braucht ein gutes Arbeitslicht, und zwar direkt über dem Arbeitsbereich. Außerdem sollten Sie ein diffuses Grundlicht installieren, das eine stimmungsvolle Atmosphäre zum Essen und Unterhalten schafft. Sinnvoll ist auch ein Dimmer, mit dem Sie in offenen Küchen Arbeitslicht und Spots herunterdrehen können, wenn Sie sich zum Essen hinsetzen.

OBEN: IN DIESER KÜCHE SORGT EINE AUSSENTÜR FÜR EINE OPTIMALE BELÜFTUNG.

LINKS: EIN OBERLICHT BRINGT ZUSÄTZLICHES TAGESLICHT IN DIE KÜCHE. EIN ECHTER HINGUCKER IST DIE SCHWENKARMATUR IM PROFISTIL.

Kleine Küchen

Nicht jeder will oder braucht eine große Küche. Wenn Sie oft essen gehen oder nur ungern kochen, macht es Sinn, den Grundriss eher klein zu halten, damit mehr Platz für die anderen Räume bleibt.

In vielen Wohnungen ist ohnehin nur Platz für eine kleine Küche. Das muss aber durchaus kein Nachteil sein – viele Profiköche arbeiten lieber in einer kompakten Küche, wo es keine unnötige Lauferei gibt und alles schnell zur Hand ist. Eine durchgeplante kleine Küche ist wie eine gut geölte Maschine, mit der man selbst die aufwändigsten Menüs produzieren kann.

Planung

Kleine Küchen funktionieren am besten mit einem kompletten Einbausystem. So wird der zur Verfügung stehende Raum optimal genutzt und alles sieht schön aufgeräumt aus. Gerade hier lohnt es sich, viel Zeit in die Planung zu investieren, damit am Ende alles stimmt. Vor allem muss mindestens so viel Platz sein, dass eine Person alles hat, was sie zum Kochen braucht. Denken Sie aber auch daran, persönliche Präferenzen unbedingt zu berücksichtigen.

Wenn Sie Einbaumodule anschaffen, kaufen Sie sich gleichzeitig Platz. Nutzen Sie jeden Zentimeter, indem Sie Schränke und Schubladen mit Ausziehkörben, Trennstegen, Regalböden und anderen Inneneinrichtungen ausstatten.

OBEN: AUSZIEHBARE ODER KLAPPBARE ELEMENTE WIE DIESER FRÜHSTÜCKSPLATZ SPAREN IN KLEINEN KÜCHEN VIEL PLATZ.

RECHTS: OBER- UND UNTERSCHRÄNKE SCHAFFEN REICHLICH STAURAUM FÜR GESCHIRR UND KLEINGERÄTE. SO BLEIBT DIE ARBEITSFLÄCHE WEITGEHEND FREI.

Fortsetzung

Kleine Küchen

Ausstattung

In einer kleinen Küche muss sich jedes Ding seinen Platz verdienen. Verschwenden Sie keine wertvolle Arbeitsfläche mit Gerätschaften, die Sie nur selten benutzen. Echte Könner bekochen ganze Abendgesellschaften mit einem Minimum an Equipment. Hochwertige Kochmesser, Töpfe, Pfannen und Küchenutensilien gehören zur Grundausstattung jeder guten Küche, auf Extras wie Spargelkochtöpfe, Nudelmaschinen und Olivenentkerner kann man meist gut verzichten.

Das gleiche gilt auch für Geschirr und Gläser. Mit schöner Kochkeramik braucht man keine extra Servierplatte; Bechergläser kann man für Wasser, Saft, Bier und sogar für Wein benutzen; und schlichtes Geschirr macht nicht nur im Alltag, sondern auch zu besonderen Gelegenheiten eine gute Figur. Je einfacher Sie Ihre Ausstattung halten, desto weniger müssen Sie unterbringen.

Wenn der Platz knapp ist, sind extra schmale oder kleine Elektrogeräte eine Überlegung wert. Wenn Sie allein leben, kann beispielsweise ein Tischgeschirrspüler für Ihre Zwecke absolut ausreichend sein.

Das größte Problem in kleinen Küchen ist der Mangel an Arbeitsfläche. Abhilfe schaffen hier Tischplatten zum Klappen oder Ausziehen, die bei Bedarf zusätzlichen Platz zum Vorbereiten, Abstellen oder Essen bieten.

OBEN: DECKENHOHE SCHRÄNKE SIND FÜR DIESEN SCHWIERIGEN GRUNDRISS DIE OPTIMALE LÖSUNG.

LINKS: HOCHWERTIGE KÜCHENHELFER UND DEKORATIVE ZUTATEN KOMMEN IN DEN OFFENEN REGALEN UND AN DER RELING SCHÖN ZUR GELTUNG.

Fortsetzung

Kleine Küchen

Raumnutzung

Eine kleine Küche kann viel größer wirken, als sie ist. Mit einem guten Konzept und dem richtigen Kniff können Sie ohne viel Aufwand ein Gefühl von Großzügigkeit und Weite erzeugen.

- Halten Sie alles hell und einfach. Beschränken Sie sich auf eine kleine Auswahl an Farben und Materialien, um optisch Ruhe zu erzeugen. Pastelltöne und glänzende Oberflächen wie Glas und Edelstahl brechen das Licht und verteilen es so im Raum.
- Wählen Sie Einbauschränke mit schlichten Fronten. Plane, bündige Türen und Schubladen sehen dezenter und schlanker aus als Modelle mit aufwändigen Zierleisten.
- Verzichten Sie bei Einbauschränken auf Sockelleisten. Wenn der komplette Boden sichtbar bleibt, wirkt der Raum größer.
- Wenn Sie den Raum als zu beengt empfinden, kann eine zusätzliche Öffnung mehr Weite und Luft bringen. Durchbrüche holen außerdem zusätzliches Licht aus den angrenzenden Räumen.
- Wenn Ihre Küche in einem abgeschlossenen Raum liegt, können Sie auch die Tür entfernen, damit Sie sich weniger eingesperrt fühlen. Wenn Sie das Wandstück über dem Türsturz entfernen, wirkt die Decke weniger drückend.
- In kleinen Küchen funktionieren Einbaustrahler und Lichtleisten besser als raumgreifende Deckenleuchten. Achten Sie bei der Platzierung darauf, dass keine störenden Schatten entstehen.

OBEN: DIESE SUPERKOMPAKTE KÜCHE SITZT IN EINER EIGENS AUSGESPARTEN NISCHE. BEI GESCHLOSSENEN TÜREN VERSCHMILZT SIE KOMPLETT MIT DER REGALWAND.

RECHTS: VIEL WEISS, GLAS UND EDELSTAHL REFLEKTIEREN DAS LICHT, DAS DURCH DAS KÜCHENFENSTER FÄLLT, UND LASSEN DEN RAUM SO NOCH HELLER WIRKEN.

Maldon

Küchen mit Außenzugang

An der frischen Luft schmeckt einfach alles viel besser. Wer gerne unter freiem Himmel isst oder kocht, wird eine Küche mit direktem Zugang zu Balkon oder Terrasse besonders schätzen.

Fließende Übergänge

Damit die Küche mehr oder weniger nahtlos in den Außenbereich übergeht, können Sie schmale Türen und Fenster durch eine Panoramafront ersetzen, die nach außen geöffnet oder aufgeschoben wird.

Mit einem großzügigen Zugang wird der Hof oder Garten zu einem grünen Zimmer zum Essen und Entspannen, Spielen und Plaudern. Materialien im gleichen Farbton oder ein durchgehender Bodenbelag bringen Küche und Freisitz noch näher zusammen – beispielsweise die Kombination von Holzdielen und Steinplatten oder Fliesen, die sowohl innen als auch außen verlegt sind. Eine andere Idee, die dem gleichen Zweck dient, ist eine Küchenplatte, die sich vor dem Fenster fortsetzt und gute Dienste als Ablage beim Grillen oder Arbeitsfläche beim Pflanzen leistet.

Auch Wintergärten oder verglaste Balkone öffnen die Küche nach draußen. Gut isolierte Thermofenster vermeiden im Winter übermäßigen Wärmeverlust. Unter dem Dach geben Oberlichter den Blick auf den Himmel frei und bringen mehr Tageslicht in den Raum.

OBEN: GERADLINIGE SPROSSENTÜREN BRINGEN LICHT IN DIE KÜCHE UND LASSEN GROSSZÜGIG NATUR INS HAUS.

LINKS: DOPPELFALTTÜREN AUS GLAS ÖFFNEN BEINAH DIE KOMPLETTE WAND ZUR SCHWELLENLOSEN TERRASSE.

Fortsetzung

Küchen mit Außenzugang

Kochen und Essen im Freien

Das schönste am Leben in der Natur ist, dass alles viel zwangloser zugeht. Das Kochen – oder besser gesagt Grillen – ist wunderbar unkompliziert, und auch beim Essen ist man um einiges lockerer. Für spontane Events wie ein Picknick unter dem Apfelbaum reicht eine Decke, für eine echte Outdoor-Essküche braucht man aber doch etwas mehr.

Ein Essplatz im Freien braucht einen ebenen Untergrund und ein wenig Schatten – wenn es auch noch eine schöne Aussicht gibt, umso besser. Investieren Sie in stabile und nicht zu schwere Gartenmöbel, die man zusammenklappen oder stapeln und im Winter nach drinnen tragen kann. Komplett wird das Ganze mit einer stimmungsvollen Beleuchtung – Kerzen, Fackeln und Laternen tauchen Balkon und Garten in romantisches Licht.

Mittlerweile gibt es ein riesiges Angebot an Grills und Feuerstellen – vom Einweggrill aus der Tankstelle bis zur Luxusausführung mit allen Schikanen. Ein gutes Modell in mittlerer Preisklasse ist ein Kugelgrill, der die Hitze bündelt und alle Speisen perfekt gart. Wenn Sie viel und oft grillen, lohnt es sich unter Umständen, einen Grill nach eigenem Entwurf zu mauern.

Vom Kochen und Essen im Freien zum Anbau von eigenem Obst und Gemüse ist es nur ein kleiner Schritt. Kein Garten ist zu klein für selbst gezogene Kräuter aus dem Blumentopf oder Pflücksalat aus dem Pflanzkübel.

OBEN: DIESES RAFFINIERTE PROFIGERÄT LÄSST DIE HERZEN VON GRILLMEISTERN HÖHER SCHLAGEN.

RECHTS: AUCH AUF EINEM EINFACHEN HOLZKOHLEGRILL KANN MAN MIT ETWAS PIONIERGEIST RAFFINIERTE GERICHTE ZAUBERN.

riso Gallo
riso Gallo
Pasta di semola di grano duro
DE CECCO
Spaghetti
250 ml
CRUNCHY CEREAL
CRUNCHY CEREAL

Speisekammern

Früher gehörte zu jeder Küche eine Speisekammer, in der die meisten Vorräte aufbewahrt wurden. Nachdem sie lange Zeit außer Mode war, erlebt sie in Zeiten steigender Strompreise wieder ein Revival: Mit ihrer natürlichen Kühlung ist die Speisekammer eine gute Ergänzung zum energieintensiven Kühlschrank.

Eine Speisekammer sollten Sie immer an der Seite des Hauses planen, die am wenigsten Sonne bekommt (in der nördlichen Hemisphäre also an der Nordseite). Sie sollte mindestens zwei, noch besser aber drei Außenwände haben und gut belüftet sein. Mit einem Steinboden und gemauerten Regalen hat sie das ideale Klima zum Aufbewahren von Obst, Gemüse, Schinken, Salami, Wild und Eingemachtem. Die niedrige Temperatur im Kühlschrank kann den Geschmack dieser Lebensmittel beeinträchtigen, in der Speisekammer bleiben sie frisch und können ihr Aroma voll entfalten.

Wenn Sie keine Speisekammer haben und auch keinen Platz, den Sie dafür nutzen könnten, ist ein Vorratsschrank eine gute Alternative (die allerdings nicht den natürlichen Kühleffekt bietet). Vorratsschränke, die viele Küchenanbieter im Programm haben, sind hohe freistehende oder integrierbare Einheiten mit einfacher oder geteilter Tür. Als Sonderausstattung gibt es Brotboxen, Gemüsekörbe, Weinregale und andere praktische Extras.

OBEN: DIESE BEGEHBARE SPEISEKAMMER HAT HOLZREGALE UND EINEN KLASSISCHEN STEINBODEN, DER DIE TEMPERATUR REGULIERT.

LINKS: IN DIESEM VORRATSSCHRANK SIND FRISCHE LEBENSMITTEL UND VORRÄTE ZENTRAL UND ÜBERSICHTLICH UNTERGEBRACHT.

EINFÜHRUNG
PLANUNG & UMSETZUNG
AUSSTATTUNG & ZUBEHÖR
DEKOR & DETAILS

Grundüberlegungen

Durch die technische Entwicklung der letzten Jahre haben zeitgemäße Küchengeräte deutlich mehr Funktionen als früher. Viele von ihnen sind regelrecht intelligent. Außerdem gibt es die »Weiße Ware« heute nicht nur in Weiß, sondern in vielen verschiedenen Farben, Oberflächen und Stilrichtungen von Retro bis Hightech. Durch diese neue Wahlfreiheit muss man beim Kauf von Elektrogeräten nun allerdings um einiges länger nachdenken.

- Technik, die das Leben leichter macht, ist immer eine Investition wert. Überlegen Sie aber, welche Funktionen Sie wirklich brauchen, damit Sie kein Gerät kaufen, das raffinierter (und teurer) ist als nötig.
- Ein wichtiger Faktor beim Kauf ist der Energieverbrauch. Denken Sie langfristig und umweltbewusst und wählen Sie Geräte mit der höchsten Energieeffizienz.
- Berücksichtigen Sie auch den Pflegeaufwand der unterschiedlichen Ausführungen, damit Sie nicht mehr Zeit mit Putzen als mit Kochen verbringen. Edelstahl beispielsweise muss regelmäßig poliert werden.
- Gutes Aussehen ist verführerisch. Doch auch, wenn Ihnen der signalrote Kühlschrank noch so gut gefällt: Der Innenraum ist viel wichtiger als ein schönes Äußeres.
- Sondieren Sie den Markt sorgfältig, bevor Sie eine größere Anschaffung machen. Unabhängige Verbrauchermagazine und Websites bieten objektive Informationen zu Eigenschaften, Lebensdauer und Preis-Leistungs-Verhältnis der unterschiedlichen Marken und Modelle.

OBEN: GELOCHTE METALLKÄSTEN SIND EINE ROBUSTE AUFBEWAHRUNG FÜR KÜCHENHELFER UND ZUBEHÖR.

RECHTS: DIESER IMPOSANTE DOPPELHERD IST PERFEKT, UM GROSSE MENÜS ZU KOCHEN, BRAUCHT ABER AUCH ENTSPRECHEND VIEL PLATZ.

BREAD
1 2 3
5 6 7 8 9
12 13 14 15 16
19 20 21 22 23
26 27 28 29 30

Beleuchtung

In jeder gut genutzten Küche wird viel gearbeitet. Weil ohne gutes Licht die Verletzungsgefahr beträchtlich steigt, braucht der Raum zwei- bis dreimal so viel Licht wie der Rest der Wohnung (Stichwort: scharfe Messer und heiße Pfannen!). Allerdings möchte man auch nicht bei gleißendem Licht am Esstisch sitzen. Darum sollte man eine Lichtplanung machen, die eine möglichst flexible Beleuchtung erlaubt. Wenn die Küche nicht ausschließlich zum Kochen genutzt wird, braucht man eine Kombination aus hellem Arbeitslicht, das Arbeitsflächen und Geräte gut ausleuchtet, und einer warmen Grund- oder Hintergrundbeleuchtung.

Lichtquellen

- Weil herkömmliche Glühlampen zu viel Strom verbrauchen, wurden sie inzwischen aus den Verkaufsregalen verbannt. Die neuen Energiesparlampen gibt es in vielen verschiedenen Formen und mit Gewinden für alle gängigen Fassungen. Im Vergleich zu klassischen Glühlampen verbrauchen sie nur ein Fünftel der Energie und halten bis zu 15-mal länger.
- Eine andere Alternative sind Niedervolt-Halogenstrahler, die ein besonders helles Licht machen.
- LEDs bieten ein komplettes Spektrum an Farben und werden immer öfter auch im Wohnbereich eingesetzt.

OBEN: TAGESLICHT IST DIE ENERGIESPARENDSTE VARIANTE VON ALLEN. HIER KOMMT ES DURCH EIN KOMPLETT VERGLASTES DACH.

LINKS: DIE ARBEITSPLATTE UND DER GLÄSERNE SPRITZSCHUTZ WERDEN GLEICHMÄSSIG VON DOWNLIGHTS AUSGELEUCHTET.

Fortsetzung

Beleuchtung

Lichtplanung

- Fest installierte Lichtquellen wie Downlights, Strahler oder Spots sind eine gute und platzsparende Option für Einbauküchen.
- Verzichten Sie auf eine zentrale Deckenleuchte. Für Hintergrundlicht sind diese nur wenig geeignet, da sie Schatten in die Ecken des Raums werfen und eine kalte Atmosphäre erzeugen. Deckenstrahler an der Wand und Lichtleisten sind die bessere Alternative.
- Freistehende Leuchten und Tischleuchten haben in der Küche nichts zu suchen, denn freiliegende Kabel sind eine potenzielle Gefahrenquelle.
- Setzen Sie gerichtetes Licht, damit Sie beim Arbeiten nicht Ihr eigener Schatten stört. Lichtleisten unter den Schränken sind eine gute Methode, Arbeitsflächen gleichmäßig auszuleuchten.
- Integrierte Leuchten sind besonders dezent und praktisch. Achten Sie aber darauf, dass Sie zum Wechseln gut an die Fassungen herankommen.
- Kleine Schrankleuchten sind ein praktisches Extra für tiefe Vorratsschränke.
- Glänzende Oberflächen wie Glas oder Edelstahl verstärken das vorhandene Licht. Achten Sie darauf, dass Sie dadurch keinen Blendeffekt erzielen, der beim Arbeiten ähnlich fatal sein kann wie ungenügendes Licht.
- Wenn Sie in der Küche auch essen, bauen Sie für Ihr Arbeitslicht einen Dimmer ein, damit Sie es je nach Situation regulieren können.

OBEN: SCHRÄNKE, ARBEITSPLATTE UND WÄNDE IN WEISS STREUEN DAS LICHT EINER LICHTLEISTE, DIE HINTER EINER WANDBLENDE SITZT.

RECHTS: EINE INNENBELEUCHTUNG HINTER MILCHGLASTÜREN ERZEUGT EIN SANFTES LICHT UND SETZT DIE SCHRÄNKE DEZENT IN SZENE.

HOT

Arbeitsplatten & Wandpaneele

Arbeitsplatten müssen so einiges aushalten und unempfindlich gegen Hitze, Flecken und Stöße sein. Welches Material Sie wählen, hängt vor allem von Ihrem Budget und dem Stil Ihrer Küche ab. Bedenken Sie aber immer, dass eine hochwertige Arbeitsplatte aus Holz oder Stein eine schlichte Einbauküche adeln kann.

Praktische Überlegungen

- Wie so oft gilt auch bei Arbeitsplatten: je dicker, desto robuster. Kaufen Sie darum die dickste Ausführung, die Sie sich leisten können. Gängige Stärken sind 30 und 40 Millimeter. Eine 40-Millimeter-Platte hält mehr Hitze aus, verzieht sich weniger und bekommt nicht so leicht Sprünge.
- Wenn möglich, sollte die Arbeitsplatte in einem Stück sein. Wenn Sie mehrere Platten brauchen, versiegeln Sie sorgfältig die Stoßkanten, da sich in den Fugen sonst leicht Bakterien bilden. Dichten Sie auch den Rand der Spüle akkurat ab.
- Ein Spitzschutz, der den Wandbereich zwischen Arbeitsplatte und (gedachter) Hängeschrankunterkante schützt, muss vor allem wasserabweisend und pflegeleicht sein. Hinter dem Herd brauchen Sie ein Material, das auch Hitze verträgt. Besonders ästhetisch ist eine durchgängige Lösung. Noch eleganter ist eine Arbeitsplatte, an die sich das Wandpaneel nahtlos anschließt.

OBEN: DER GLÄSERNE SPRITZSCHUTZ DIESER ULTRAMODERNEN KÜCHE IST BESONDERS PFLEGELEICHT.

LINKS: DIESER SPRITZSCHUTZ WECKT ERINNERUNGEN AN DIE PARISER METRO UND MACHT SO DEN RETRO-LOOK DER KÜCHE PERFEKT.

Fortsetzung

Arbeitsplatten & Wandpaneele

Materialien

- **Holz** Holz ist von Natur aus hygienisch, muss aber regelmäßig behandelt werden, damit es vor Hitze und Feuchtigkeit geschützt ist. Geöltes Hartholz eignet sich am besten als Arbeitsplatte, ist aber relativ teuer. Hirnholz, das zu Blöcken oder Steifen verleimt ist, ergibt eine robuste und dichte Oberfläche. Die günstigste Variante ist lackiertes Weichholz.
- **Stein** Arbeitsplatten aus Stein gibt es in vielen Farben, Mustern und Oberflächen. Marmor und Kalkstein sind anfällig für Flecken und müssen entsprechend versiegelt werden. Polierter Granit dagegen ist unempfindlich gegen Hitze, Wasser und Flecken. Manche Unterschränke brauchen eine Verstärkung, damit sie das Gewicht einer Steinplatte tragen können.
- **Kunststein** Ihre Zusammensetzung aus Harz und Mineralien macht Arbeitsplatten aus Kunststein extrem strapazierfähig. Man bekommt sie in vielen Farben und kann sie in jede gewünschte Form gießen oder schneiden lassen.
- **Glas** Weil sich Glas leicht reinigen lässt, ist es als Spritzschutz hervorragend geeignet. Besonders attraktiv ist von hinten angestrahltes Buntglas.
- **Edelstahl** Egal ob matt oder glänzend – Edelstahl ist ein Material mit echtem Profi-Appeal. Allerdings ist es relativ teuer und anfällig für Fettschmierer und Fingerabdrücke.

- **Laminat** Bei diesem Werkstoff wird eine Trägerschicht aus Papier und Harz mit einer Dekorschicht aus Holzsubstrat oder Furnier verklebt. Laminat ist preiswert und leicht zu reinigen, kann aber nicht aufgearbeitet werden, wenn es Flecken oder Kratzer abbekommen hat.
- **Beton** Dieses Material hat einen rauen Charme, der gut zu schnörkellosen Küchen passt. Arbeitsplatten aus Beton können auf Maß angefertigt oder direkt vor Ort gegossen werden.

OBEN: ARBEITSPLATTEN AUS STEIN, BETON UND KUNSTSTEIN GIBT ES AUCH MIT INTEGRIERTEN SPÜLEN.

RECHTS: EINE MASSGEFERTIGTE MARMORPLATTE ZIEHT SICH FAST ÜBER DIE GESAMTE LÄNGE DIESER OFFENEN KÜCHE.

Spülen

Formate

Überlegen Sie bei der Planung, wie viele Becken Sie brauchen. Ein einzelnes großes Becken reicht normalerweise aus, wenn Sie einen Geschirrspüler haben. Ein weiteres kleines Becken ist sinnvoll, wenn Sie mit der Hand spülen.

- Eckige Spülen bieten mehr Platz als runde.
- Am häufigsten kommen Einbauspülen zum Einsatz. Ihr Rand liegt direkt auf der Arbeitsplatte und muss abgedichtet werden, damit kein Wasser unter die Spüle laufen kann.
- Eingelassene und flächenbündige Spülen sind eleganter und hygienischer als Einbaumodelle.
- Integrierte Spülen sind aus demselben Material wie die Arbeitsplatte – zum Beispiel aus Kunststein oder Edelstahl. Das macht sie besonders hygienisch und robust.
- Es gibt auch freistehende Spülen. Diese modularen Elemente sehen besonders modern und professionell aus.

Materialien

- **Edelstahl** Weil Edelstahl sehr robust, hitzebeständig und hygienisch ist, ist es das am häufigsten verwendete Material für Spülen. Dicker Chromnickelstahl ist stoßfester und geräuschärmer als dünnere, billigere Bleche. Auf gebürsteten oder mattierten Oberflächen sieht man Kratzer weniger als auf polierten.
- **Keramik** Keramikspülen passen am besten in klassische oder sehr moderne Küchen. Eckige Spülsteine haben einen rustikalen, ländlichen Charakter. Gusseisenspülen mit einem Überzug aus Porzellanemaille gibt es in vielen verschiedenen Farben.

- **Kunststein** Spülen aus einem Kunststein wie Corian fühlen sich schön warm an und sind ausgesprochen robust. Wer möchte, kann sich eine Komplettlösung aus Spüle, Arbeitsplatte und Spritzschutz nach Maß anfertigen lassen.

OBEN: DIESE MODERNE KERAMIKSPÜLE HAT EINEN GELIPPTEN RAND, DER AUF DER ARBEITSPLATTE SITZT. EIN MOBILES ABTROPFBRETT SCHAFFT ZUSÄTZLICHE ABLAGEFLÄCHE.

LINKS: DIE WEISSE KERAMIKSPÜLE HAT IN DER KLASSISCHEN SCHWENKARMATUR EIN STILVOLLES PENDANT.

Armaturen

Armaturen sind oft im Einsatz und müssen darum reibungslos funktionieren. Der Hahn sollte sich gut schwenken lassen, damit Sie den Wasserstrahl in verschiedene Ecken der Spüle richten können. Mischbatterien mit einfachen Dichtungsscheiben können leicht tropfen; in modernen Modellen sorgen Keramikventile dafür, dass das nicht mehr passiert. Hochwertige Armaturen sind ausgesprochen ästhetisch und darum eine relativ preiswerte Möglichkeit, eine schlichte Küche aufzuwerten. Als Finish stehen Chrom, Messing, Zinn, Nickel und farbiges Epoxidharz zur Wahl.

- Bei Einloch-Mischbatterien kommt heißes und kaltes Wasser aus derselben Leitung. Die meisten modernen Modelle haben Einhebelmischer zur Temperaturregelung.
- Heutzutage sehr selten sind Standventile mit separaten Hähnen für heiß und kalt. Bei Zweiloch-Mischbatterien wird heißes und kaltes Wasser erst im Hahn zusammengeführt. Diese Modelle passen gut zu klassischen Küchen.
- Wandarmaturen und Armaturen mit hohem Auslauf passen gut zu Spülen mit tiefem Becken und sind praktisch zum Befüllen von hohen Töpfen.
- Profiarmaturen haben einen flexiblen Brauseschlauch zum Abspülen von Töpfen und Geschirr und zum Reinigen der Abtropffläche. Manche Modelle gibt es auch mit ausziehbarem Brausekopf.
- Einige Anbieter haben Spezialarmaturen für kochendes oder gefiltertes Wasser im Programm.
- Vierteldrehungshähne kann man mit einer einzigen 90-Grad-Drehung voll auf- oder zudrehen.

LINKS: DIESE KÜCHENARMATUR HAT EINEN AUSZIEHBAREN BRAUSEKOPF, DER SICH IN ALLE RICHTUNGEN BEWEGEN LÄSST.

RECHTS: WIE VIELE MODERNE KÜCHENARMATUREN HAT AUCH DIESES SCHLICHTE MODELL EINEN EINHEBELMISCHER.

AGA

Herde, Backöfen & Kochfelder

Das wichtigste Gerät in der Küche ist der Herd. Sondieren Sie darum besonders gründlich das Angebot und lassen Sie sich nach Möglichkeit die einzelnen Modelle vorführen, damit Sie genau das Gerät bekommen, das zu Ihnen passt.

OBEN: DIESER HERD KOMBINIERT EINEN GASBRENNER MIT EINER GRILLPLATTE UND EINEM INDUKTIONSKOCHFELD. DARÜBER SITZT EINE SCHLANKE UMLUFTHAUBE.

LINKS: WÄRMESPEICHERÖFEN WIE DIESER DIENEN NICHT NUR ZUM KOCHEN UND BACKEN, SIE LIEFERN AUCH WÄRME UND HEISSES WASSER. BEHEIZT WERDEN SIE MEIST MIT GAS ODER HOLZ.

Hauptkriterium beim Herdkauf ist die Frage, wie und was Sie gerne kochen.

- Ein Multifunktionsgerät mit Elektro- oder Gaskochfeld und Ofen mit Grillfunktion ist leicht zu installieren und braucht relativ wenig Platz. Wenn Sie separate Geräte bevorzugen, brauchen Sie eventuell einen zweiten Anschluss.
- Die zentrale Frage beim Herdkauf ist, ob Sie lieber mit Strom oder Gas kochen. Ein Gasherd mit Elektroofen ist eine beliebte Kombination.
- Machen Sie sich Gedanken, wie groß das Gerät sein soll. Wie viele Zonen soll das Kochfeld haben, welches Volumen der Backofen?
- Bei Dunstabzugshauben haben Sie die Wahl zwischen Abluft- und Umlufthauben. Ablufthauben saugen den Kochdunst vollständig ab und leiten ihn über einen Abluftkanal nach draußen. Darum müssen diese Geräte an oder neben einer Außenwand platziert werden.
- Wählen Sie, wenn möglich, Geräte mit der höchsten Energieeffizienzklasse.

Herde

- Herde gibt es als freistehende oder Einbaumodelle, mit Gas- oder Elektrokochfeld.
- Wärmespeicherherde und andere Herde aus Gusseisen sind extrem schwer und brauchen einen soliden, planen Untergrund.
- Ambitionierte Köche können ihren Herd mit zahlreichen Extras ausstatten – zum Beispiel mit Mehrfachbrenner, Wokfeld, Grillplatte, Doppelofen, separatem Grill und Warmhaltefach.

Fortsetzung

Herde, Backöfen & Kochfelder

Backöfen

- Klassische Elektroöfen arbeiten mit Ober- und Unterhitze. In der Mitte des Backraums garen Speisen am besten.
- Umluftherde müssen nur kurz vorgeheizt werden und erzeugen durch ihren Ventilator gleichmäßige Hitze. So kann man mehrere Bleche gleichzeitig backen.
- Eine Mischung aus beidem sind Kombiöfen, die bis zu zehn unterschiedliche Funktionen für verschiedene Arten von Speisen bieten.
- Gasöfen haben den Vorteil, dass man die Hitze direkt steuern kann und die Speisen nicht so schnell austrocknen. Modelle mit Ventilator sparen Energie und sorgen für gleichmäßige Hitze.
- Selbstreinigende Öfen mit Pyrolysefunktion heizen bis auf 500 °C und lassen so Fett und Speisereste zu feiner Asche verbrennen.

Kochfelder

- Gaskochfelder sind sehr beliebt, weil die Hitze sofort verfügbar ist und ohne Zeitverzögerung reguliert werden kann. Wenn Sie fünf statt der üblichen vier Brenner wählen, sind Sie beim Kochen um einiges flexibler. Manche Modelle haben einen extra Wokbrenner oder ein Teppan-Yaki-Feld.
- Elektrische Kochfelder gibt es in verschiedenen Ausführungen. Klassische Kochplatten sind preiswert, heizen aber nur langsam auf und kühlen entsprechend langsam wieder ab. Ceranfelder haben eine glatte Oberfläche und sind darum sehr pflegeleicht. Induktionsfelder erzeugen ein Magnetfeld, das die Hitze direkt in den Boden des Kochgeschirrs überträgt. Für diese Herde braucht man allerdings spezielle Töpfe und Pfannen.
- Dominokochfelder sind ein modulares System mit Gas-, Ceran-, Induktions-, Grill- oder Wokeinheiten, die individuell miteinander kombiniert werden können.

OBEN: DIESE DUNSTABZUGSHAUBE IST OPTIMAL POSITIONIERT UND SAUGT SO KÜCHENDUNST ZUVERLÄSSIG AB. VIELE MODELLE HABEN EINE INTEGRIERTE BELEUCHTUNG.

RECHTS: DIESER NOSTALGISCHE KOMBIHERD HAT EINEN TELLERWÄRMER UND EINE PRAKTISCHE ABLAGE UNTER DEM KOCHFELD.

NEW WORLD seventy five

S M E

Kühl- & Gefrierschränke

Beim Kauf eines Kühl- oder Gefrierschranks spielen verschiedene Faktoren eine Rolle, insbesondere die Größe Ihrer Familie und die Art und Weise, wie Sie kochen und einkaufen. Vom schlichten Einbaugerät bis zum freistehenden Doppeltürenmodell mit zahlreichen Extras gibt es unzählige verschiedene Modelle und Ausführungen.

- Überlegen Sie zunächst, ob Sie einen Kühlschrank mit Gefrierfach oder zwei separate Geräte möchten. Reine Kühlautomaten bieten mehr Platz für frische Lebensmittel. Gefrierfächer arbeiten mit einer Sterneeinstufung, an der man ablesen kann, wie lange welche Lebensmittel eingefroren werden können.
- Möchten Sie lieber ein freistehendes Modell oder ein Einbaugerät? Integrierte Kühlschränke haben eine Halterung zum Montieren einer Front, die zum Rest der Küche passt. Viele freistehende Kühlschränke sind besonders formschön, so dass sie gut als Solitär stehen können.
- Achten Sie darauf, dass der Kühlschrank nicht zu klein für Ihren durchschnittlichen Einkauf und nicht zu groß für Ihre Küche ist. Wenn Sie einen Standardkühlschrank unter eine Arbeitsplatte stellen, müssen Sie zur Belüftung einen Spielraum von 25 Millimetern nach allen Seiten lassen.
- Moderne Geräte sind besonders energieeffizient und darum relativ günstig im Stromverbrauch. Viele Modelle sind FCKW-frei und leisten so einen Beitrag zum Klimaschutz.

LINKS: FREISTEHENDE RETRO-KÜHLSCHRÄNKE GIBT ES MITTLERWEILE IN VIELEN FARBEN. DIESES MODELL PRÄSENTIERT SICH IN KLASSISCHEM WEISS.

OBEN: DER EINBAUKÜHLSCHRANK AUS EDELSTAHL IST SO PLATZIERT, DASS ER GENAU ZWISCHEN HERD UND SPÜLE SITZT.

Fortsetzung

Kühl- & Gefrierschränke

Funktionen & Ausstattung

- In reinen Kühlautomaten reguliert eine Abtauautomatik die Temperatur so, dass sich kein Frost bildet. Kühlschränke mit Gefrierfach müssen manuell abgetaut werden, wenn sich Eis bildet, sonst funktionieren sie nicht mehr richtig.
- Intelligente Kühlgeräte, bei denen die Temperatur elektronisch kontrolliert und in einem LCD-Display angezeigt wird, sorgen im gesamten Innenraum für eine gleichmäßige Temperatur. Wenn die Tür länger offen steht, wird automatisch kalte Luft in die aufgewärmten Zonen geleitet.
- Eine Schnellkühlfunktion bringt frische Lebensmittel besonders schnell auf die gewünschte Temperatur.
- Für mehr Hygiene haben manche Kühlschränke eine antibakterielle Beschichtung an Tür und Wänden.
- Nehmen Sie die Innenausstattung unter die Lupe. Böden aus Glas sind praktischer als Drahtmodelle, weil sie die Kälte besser halten und leichter zu reinigen sind. Höhenverstellbare Böden, Flaschen- und Eierhalter, Butter- und Käsefächer sowie Gemüseschubladen gehören zur Standardausstattung.
- Manche Kühlschränke haben verschiedene Kühlzonen, die die unterschiedlichen Arten von Lebensmitteln auf optimaler Temperatur halten. Zur Ausstattung können Fleischschalen, feuchtigkeitsregulierende Salatschalen oder Null-Grad-Fächer für fertige Speisen gehören.

- Manche großen Kombigeräte haben im Gefrierteil einen Spender für Eiswürfel und gekühltes Wasser. Da sie eine Wasserversorgung brauchen, sollten sie nicht mehr als 1 Meter vom Anschluss entfernt stehen.

OBEN: EIN KOMBIGERÄT IST PRAKTISCHER ALS EIN KÜHLSCHRANK MIT GEFRIERFACH. BEI DIESEM MODELL AUS EDELSTAHL SITZT DER GEFRIERTEIL OBEN.

RECHTS: WENN SIE EINE GROSSE FAMILIE HABEN ODER OFT GÄSTE EMPFANGEN, SIND GERÄTE WIE DIESES DURCHAUS EINE ÜBERLEGUNG WERT.

SAMSUNG

Geschirrspüler

Anders als andere Geräte sind Geschirrspüler in der Küche kein Muss, sie sparen allerdings einiges an Zeit und Arbeit. Gute Modelle brauchen deutlich weniger Wasser und Energie als ein Abwasch per Hand und bringen dabei ähnlich gute Spülergebnisse.

OBEN: JE KÜRZER DIE SCHLÄUCHE, DESTO GERINGER DAS RISIKO UNDICHTER STELLEN. DIESES EINBAUGERÄT STEHT DIREKT AN DER SPÜLE.

LINKS: BEI GESCHLOSSENER TÜR FÜGT SICH DIESER INTEGRIERTE GESCHIRRSPÜLER NAHTLOS IN DIE FRONT DER BLAUEN EINBAUKÜCHE.

- Stellen Sie sich beim Kauf eines Geschirrspülers die Frage, was Sie brauchen und wie viel Platz dafür zur Verfügung steht. Standardmodelle sind auf zwölf Gedecke (ohne Koch- und Serviergeschirr) ausgelegt. Es gibt auch kleinere Modelle für neun Gedecke und Kompaktgeräte für vier.
- Die meisten Geschirrspüler sind Untertischgeräte. Es gibt auch Einbaumodelle, die mit einer Front verkleidet werden können, die zum Rest der Küche passt. Platzieren Sie das Gerät so nah wie möglich an der Spüle, damit es problemlos angeschlossen werden kann.
- Die Programme variieren von Gerät zu Gerät. Manche Geschirrspüler haben ein Eco-Programm und Programme für Gläser, halbe Menge und zum Abbrausen. Intelligente Modelle sind mit Sensoren ausgerüstet, die Menge und Verschmutzungsgrad des Geschirrs erfassen und das entsprechende Programm automatisch einstellen.
- Die effizientesten Geräte haben zwei Sprüharme, die das Geschirr von oben und unten gleichzeitig reinigen.
- Achten Sie auf flexible Geschirr- und Besteckkörbe, damit Sie unterschiedliche Größen von Spülgut unterbringen können.
- Eine gute Investition sind Geräte mit Aqua-Stop, die eine Überschwemmung in der Küche verhindern, wenn die Maschine leckt.
- Die Verwendung von Edelstahl macht den Innenraum besonders robust, kann aber bei manchen Metallen zu Verfärbungen führen. Darum sollten Sie Silberbesteck nur mit einem flachen Besteckkorb im oberen Teil der Maschine spülen.

Waschmaschinen & Trockner

Viele Leute wollen Waschmaschine und Trockner gerne in der Küche haben. Überlegen Sie, ob Sie die Geräte nicht besser in einem anderen Raum unterbringen, um im Kochbereich keinen wertvollen Stauraum zu blockieren. Außerdem sind sowohl Waschmaschine als auch Trockner ziemlich laut, was gerade in Küchen mit Essplatz ein erheblicher Störfaktor sein kann. Aus ökologischen Gesichtspunkten sollten Sie auch in Betracht ziehen, Ihre Wäsche an der Leine zu trocknen und auf einen energieintensiven Trockner komplett zu verzichten.

Waschmaschinen

- Waschmaschinen gibt es als Toplader oder Frontlader, als freistehende Geräte und Einbaumodelle für die Küchenzeile.
- Die Vielzahl der angebotenen Programme und Einstellungen kann sehr verwirrend sein. Überlegen Sie darum gründlich, welche davon Sie wirklich brauchen. Ein Handwaschprogramm macht Sinn, wenn Sie viele empfindliche Kleidungsstücke haben.
- Wählen Sie eine Maschine mit einer hohen Energieeffizienzklasse und niedrigem Wasserverbrauch.

Trockner

- Ablufttrockner transportieren den heißen Dampf über einen Schlauch nach draußen und müssen darum an oder neben einer Außenwand stehen.
- Kondenstrockner wandeln den Dampf in Wasser, das in einem Behälter gesammelt wird. Sie sind lauter, teurer und langsamer als Ablufttrockner.

Waschtrockner

- Wenn Ihre Küche sehr klein ist, sind Waschtrockner eine platzsparende Lösung. Allerdings ist die Leistung nicht so gut wie bei Geräten mit nur einer Funktion.
- Bei den meisten Modellen kann nur eine halbe Waschladung auf einmal getrocknet werden.

LINKS: WENN KLEINE KINDER IM HAUS SIND, GEHEN SIE MIT TOPLADERN AUF NUMMER SICHER. AUSSERDEM SCHONEN SIE DEN RÜCKEN, WEIL MAN SICH WENIGER BÜCKEN MUSS.

RECHTS: DIESES BÜGELBRETT ZUM AUSZIEHEN UND AUFBOCKEN SPART IN DER KOMPAKTEN KÜCHE VIEL PLATZ.

Kleingeräte & Grundausstattung

Man muss kein Meisterkoch sein, um praktische Küchenhelfer zu schätzen. Die wichtigste Frage bei der Kaufentscheidung sollte immer die sein, wie oft Sie das jeweilige Gerät oder Kochgeschirr benutzen.

Kleingeräte

Außer Wasserkochern und Toastern gibt es nur wenige Küchengeräte, die man wirklich braucht. Welche davon für Sie sinnvoll sind, hängt in erster Linie davon ab, wie Sie kochen.

- Mikrowellengeräte, die meist zum Aufwärmen und Auftauen benutzt werden, erhitzen Lebensmittel mit elektromagnetischen Wellen. Manche haben eine Dampfgarfunktion oder Programme, mit denen Brat- und Grillgut in der halben Zeit fertig ist, die ein normaler Ofen braucht. Es gibt die Geräte nicht nur mit unterschiedlichen Funktionen, sondern auch mit unterschiedlicher Leistung und in verschiedenen Größen, als freistehende Geräte und Einbaumodelle für Wand- oder Unterschränke.
- Küchenmaschinen sparen viel Zeit beim Zubereiten von Kuchen, Rohkost und vielen anderen Speisen. Überlegen Sie aber, ob der Reinigungsaufwand mit Zerlegen, Spülen und Zusammenbauen den Einsatz auch rechtfertigt oder ob einfache Arbeiten nicht schneller per Hand erledigt sind.
- Geräte wie Brotbackautomaten, Nudelmaschinen oder elektrische Saftpressen nehmen viel Platz in Anspruch und sollten nur dann angeschafft werden, wenn sie mindestens einmal pro Woche benutzt werden.

OBEN: EINE HOCHWERTIGE GRUNDAUSSTATTUNG WIE DIESE REICHT ZUM TÄGLICHEN KOCHEN ALLEMAL AUS UND LÄSST SICH AUCH IN KLEINEN KÜCHEN GUT UNTERBRINGEN.

LINKS: WAS AUF DER ARBEITSPLATTE STEHT, MUSS STÄNDIG IM EINSATZ SEIN. HÄNGEN SIE NICHT ZU VIELE GERÄTE AN EINE STECKDOSE, UM SIE NICHT ZU ÜBERLASTEN.

Fortsetzung

Kleingeräte & Grundausstattung

Grundausstattung

Qualität, nicht Quantität macht eine gute Küchenausstattung aus. Hochwertige Produkte (statt vermeintlicher Schnäppchen) zahlen sich immer aus.

- Investieren Sie in gute Messer. Sie brauchen mindestens drei Mehrzweckmesser in unterschiedlichen Größen, dazu ein großes Tranchiermesser und ein Brotmesser mit Wellenschliff. Halten Sie Ihr Set gut in Schuss und bewahren Sie es in einem Messerblock, einem Messerfach oder an einer Magnetleiste auf, damit es nicht unnötig stumpf wird. Messer aus Karbonstahl halten am längsten, müssen aber gegen Rost behandelt werden. Edelstahlmesser sind pflegeleichter, lassen sich aber nicht so leicht schärfen.
- Auch hochwertige Töpfe und Pfannen rechnen sich schnell. Edelstahltöpfe mit schwerem Boden sind leicht zu reinigen und verteilen gut die Hitze. Profiköche schwören auf Kupfer, das zwar teuer ist, Hitze aber noch besser leitet. Töpfe aus Gusseisen sind ideal für Schmorgerichte, die viel Zeit brauchen. Komplett wird Ihr Kochgeschirr mit einer guten Bratpfanne, einer Ofenform und vielleicht einem Wok.
- Zu den wichtigsten Utensilien gehören Kochlöffel, Pfannenwender, Schneidebretter, Küchenschere, Schneebesen, Reibe, Sparschäler, Zitronenpresse, Dosenöffner, Korkenzieher, Siebe und Durchschläge, Schöpf- und Schaumkelle, Messbecher, Küchenwaage und Rührschüsseln. Überfrachten Sie Ihre Schubladen nicht mit Gerätschaften wie Kugelausstechern, die Sie nur selten brauchen.

OBEN: IN DER SCHMALEN NISCHE NEBEN DEM HERD IST PLATZ FÜR TABLETTS UND EINEN AUSZIEHBAREN HANDTUCHHALTER.

RECHTS: EIN ECHTER HINGUCKER IST DIESES KLASSISCHE ELFENBEINBESTECK. ES MUSS ALLERDINGS PER HAND GESPÜLT WERDEN, DAMIT DIE GRIFFE NICHT VERFÄRBEN ODER AUFQUELLEN.

Miele

Aufbewahrung

In Küchen werden tausend verschiedene Dinge aufbewahrt – vom Kochtopf bis zum Dosenöffner, vom Salat bis zum Müllbeutel. Ein durchdachtes Aufbewahrungssystem ist extrem wichtig, damit alles griffbereit und in optimalem Zustand bleibt.

- Organisieren Sie Ihre Küche so, dass alles, was Sie brauchen, möglichst dort ist, wo Sie es brauchen. Töpfe und Pfannen gehören in die Nähe des Herds – in einen Schrank, eine ausziehbare Schublade oder an eine Reling mit Haken. Häufig benutzte Utensilien sind in einem Krug oder an einer Metallschiene gut aufgehoben.
- Bewahren Sie Gewürze und Ähnliches in dem Bereich auf, wo Sie das Essen vorbereiten. Denken Sie aber daran, dass viele Zutaten Geschmack verlieren, wenn sie zu warm stehen.
- Füllen Sie Grundnahrungsmittel wie Mehl oder Reis in Deckelbehälter um, nachdem Sie die Packung geöffnet haben. So bleibt alles frisch und ist vor Insekten und Mäusen sicher.
- Bewahren Sie schwere Sachen nicht zu hoch oder zu niedrig auf, sondern am besten zwischen Knie- und Augenhöhe.
- Alles, was höchstens alle zwei Wochen gebraucht wird, kann außerhalb des Arbeitsbereichs und eventuell sogar in einem anderen Raum untergebracht werden.

OBEN: DIESE PRAKTISCHE »GERÄTEGARAGE« WIRD MIT EINEM ROLLLADEN GESCHLOSSEN.

LINKS: DIE TIEFE SCHUBLADE UNTER OFEN UND ESPRESSO-MASCHINE HAT EINEN FEST INSTALLIERTEN TELLERHALTER, DER ALLE TEILE SICHER AM PLATZ HÄLT.

Fortsetzung

Aufbewahrung

Einbauschränke

- Der Korpus sollte idealerweise 18 Millimeter haben und aus MDF sein. Dieses Material ist sehr stabil und verzieht sich weniger als Massivholz. Mit höhenverstellbaren Beinen kann man Unebenheiten im Boden ausgleichen.
- Achten Sie darauf, dass die Schubladen robuste Seitenteile und starke Böden haben und leicht laufen. Ein kompaktes Schubladenelement ist praktischer als einzelne Schubladen über den Unterschränken.
- Mit Sonderelementen wie Eckschränken mit Karusselleinsätzen lässt sich der vorhandene Raum optimal nutzen.
- Auch bei der Innenausstattung ist gute Planung die halbe Miete: Mit höhenverstellbaren Regalböden in verschiedenen Tiefen kann man ähnliche Dinge übersichtlich gruppieren, damit man beim Kochen nicht lange suchen muss.
- Nutzen Sie die Innenseite der Schranktüren, um flache Dinge wie Besen oder Topfdeckel aufzubewahren.
- Scharniere, die im Korpus versenkt werden, sind besonders ästhetisch und lassen nach dem Einhängen die Tür gut justieren.

OBEN: HALBTRANSPARENTE SCHEIBEN MACHEN DIESE HÄNGESCHRÄNKE SCHÖN LUFTIG UND LASSEN DURCHSCHEINEN, WO WAS STEHT.

RECHTS: SCHMALE SCHRÄNKE ZUM AUSZIEHEN SIND PRAKTISCH ZUM AUFBEWAHREN VON VORRÄTEN. ACHTEN SIE DARAUF, DASS SIE LEICHT UND GERÄUSCHLOS LAUFEN.

Fortsetzung

Aufbewahrung

Freistehende Möbel

Freistehende Aufbewahrungsmöbel wie klassische Anrichten oder Büffets eigenen sich gut zum Aufbewahren von Geschirr, Gläsern und Besteck. Wenn Ihre Küche einen Essbereich hat, platzieren Sie die Anrichte zwischen Esstisch und Spülzone, damit Sie beim Tischdecken und Wegräumen möglichst wenig laufen müssen.

- Mit Schubladentrennern kann man die verschiedenen Besteckteile übersichtlich aufbewahren. Halten Sie Silberbesteck von Edelstahl getrennt und heben Sie es am besten in einem mit Filz ausgeschlagenen Kasten auf.
- Gläser sollte man nie auf den Rand gestürzt aufbewahren.
- Hängen Sie empfindliche Tassen nicht am Henkel auf, weil das der zerbrechlichste Teil ist.
- Sortieren Sie Teller und Schüsseln nach Größe und Dekor und machen Sie niedrige Stapel von sechs bis acht Teilen.

Offene Lösungen

Alles, was außerhalb von Schränken auf offenen Regalen oder Gestellen aufbewahrt wird, sollte dauernd in Gebrauch sein. Alles andere nimmt nur unnötig Platz weg und zieht Staub und Fett an.

Abfalltrennung

Sehen Sie einen Platz für verschiedene Abfallbehälter vor, mit denen Sie Küchenmüll ohne großen Aufwand trennen können. Eine klare Farbcodierung oder Beschriftung hilft beim Sortieren von Glas, Verpackungen, Bioabfällen und Restmüll. Bringen Sie organische Abfälle möglichst in einen Komposter, um sie effizient zu nutzen.

OBEN: DIESES NOSTALGISCHE STÜCK HAT VOM TELLERHALTER ÜBER GEMÜSEKÖRBE BIS ZUM WEINREGAL ALLES, WAS EIN KLASSISCHES BÜFETT AUSMACHT.

LINKS: DER LOOK EINER KÜCHE STEHT UND FÄLLT MIT DER ART DER AUFBEWAHRUNG. HIER MACHEN OFFENE REGALE DEN RAUM GROSSZÜGIG UND LOCKER.

EINFÜHRUNG

PLANUNG & UMSETZUNG

AUSSTATTUNG & ZUBEHÖR

DEKOR & DETAILS

Grundüberlegungen

Farben, Muster und Texturen, die Grundelemente der Innenraumgestaltung, spielen bei der Planung von Küchen eine ebenso große Rolle wie bei allen anderen Räumen. Mit ihrer Hilfe kann man den Charakter einer Küche unterstreichen – durch die Farbe der Wände, das Finish der Oberflächen oder die Struktur des Bodens.

- Das Designkonzept einer Küche definiert, welche Materialien verwendet werden und wie sie zusammenspielen. Achten Sie bei der Planung vor allem darauf, dass jedes Material für den geplanten Einsatz auch wirklich geeignet ist. Alle Oberflächen müssen der hohen Beanspruchung in der Küche standhalten und unempfindlich gegen Wasser, Hitze und Flecken sein.
- Beziehen Sie bei der Wahl der Ausstattungsdetails sowohl die Funktion als auch die Form ein. Hochwertige Griffe, Schlösser, Scharniere und Schalter können den Ausschlag geben, ob eine Küche perfekt funktioniert oder nur die wesentlichen Anforderungen erfüllt.
- Mit persönlichen Dingen – besonders solchen, die Ihre kulinarischen Vorlieben widerspiegeln – machen Sie aus einer nüchternen Küche einen charaktervollen Raum zum Leben.

OBEN: WEISS STEHT FÜR SAUBERKEIT UND FRISCHE UND WIRD DARUM GERNE IN KÜCHEN VERWENDET. DIESE HIER VARIIERT DAS THEMA MIT UNTERSCHIEDLICHEN NUANCEN.

RECHTS: RAUER STEINBODEN IST BESONDERS STRAPAZIERFÄHIG UND RUTSCHFEST. DIE DURCHGÄNGIGE VERLEGUNG FÜGT INNEN UND AUSSEN OPTISCH ZUSAMMEN.

Farbe

Farbe in Küchen war nicht immer ein Thema. Viele Jahre lang hat Weiß, der Inbegriff von Frische, Sauberkeit und Hygiene, im guten Haushalt den Ton angegeben. Die neue Popularität von Landhausküchen brachte natürliche Farben wie Creme, Braun, Terrakotta und Ocker ins Spiel, die beim Wandanstrich oder in Form von Materialien wie Holz, Stein oder Fliesen verwendet wurden.

Heute sieht man immer häufiger auch kräftige Farben in der Küche. Als Akzente waren sie dort schon lange zu Hause – auf dem Obstteller, als Wanduhr oder auf dem Geschirr. Heute wird Farbe zunehmend eingesetzt, um Räume zu verändern oder unterschiedliche Bereiche abzugrenzen. Eine grüne Wand, eine blaue Küchenfront oder ein roter Spritzschutz ist ein selbstbewusstes Statement, das dem Raum Profil gibt.

- Wählen Sie Farben, die das Licht nicht schlucken, sondern verstärken. Helle, frische Farben machen Räume größer, warme Farben wirken eher drückend.
- Üben Sie Zurückhaltung. Mehr als eine starke Farbe können nur wenige Küchen vertragen. Kombinieren Sie dazu lieber Weiß oder Naturtöne.
- Bedenken Sie beim Einsatz von Farben, dass es einfacher und billiger ist, eine Wand neu zu streichen, als Küchenfronten oder Geräte auszutauschen, wenn Ihnen der Originalton nicht mehr gefällt.

OBEN: GLÄNZENDE BLAUE FRONTEN BILDEN EINEN SCHÖNEN KONTRAST ZU DEN WEISSEN FLIESEN UND DEM RUSTIKALEN DIELENBODEN.

LINKS: WOHL DOSIERTE FARBEN KÖNNEN EINE KÜCHE SEHR LEBENDIG MACHEN. HIER SETZT DER ROTE SPRITZSCHUTZ EINEN STARKEN AKZENT.

Muster & Struktur

Muster

Durch ihre regelmäßigen Wiederholungen und Reihungen erzeugen Muster ein Gefühl von Bewegung im Raum. Am plakativsten ist dieser Effekt auf Dekostoffen und Tapeten, die für Küchen allerdings nur bedingt geeignet sind. Dezenter wirken die Muster, die von einer Reihe Vorratsgläser, einem Lebensmittelarrangement oder offen präsentiertem Geschirr gebildet werden. Ähnlich subtil sind Details eines in sich gemusterten Materials – die Sprenkel einer Granitplatte, die Maserung von Holz oder die Rillen einer Fliese.

Struktur

Ein enger Verwandter des Musters ist die Struktur. Bei gedämpften Farben und zurückhaltenden Mustern wird sie zum wichtigen Stilmittel, um Tiefe und Charakter zu erzeugen. Küchen sind primär Nutzräume und wirken schnell steril und nichtssagend, wenn jede Oberfläche die gleiche Struktur hat. Unterschiedliche Materialien für Arbeitsflächen, Boden und Wände haben eine unterschiedliche Optik und Haptik und bringen dadurch mehr Spannung in den Raum.

Kunststoffe sind glatt und praktisch, natürliche Materialien wie Holz, Stein und Keramik dagegen sind viel lebendiger – und zwar nicht zuletzt deshalb, weil sie mit dem Alter und durch intensive Nutzung und Pflege immer schöner werden. Laminat oder Plastik kann da schlichtweg nicht mithalten.

OBEN: DIE LEBENDIGE MUSTERUNG, DIE DURCH EINE REDUZIERTE FARBGEBUNG IN WEISS UND BLAU GEBÄNDIGT WIRD, LÄSST DIESE FLIESEN WIE STOFF AUSSEHEN.

RECHTS: HIER ERZEUGEN DIE MASERUNG DER HOLZDIELEN UND DIE RIFFELUNG DER WANDVERKLEIDUNG DEZENTE STREIFENMUSTER, DIE DEN RAUM STRUKTURIEREN.

Wandgestaltung

Die Gestaltung der Wand kann ein Designelement sein, das den Charakter der ganzen Küche bestimmt. Terrakottafliesen oder eine Holzvertäfelung haben einen rustikalen Charme, frische Farben oder eine starke Tapete machen die Küche ausdrucksvoll und modern.

Materialien

- **Farbe** Streichen ist die einfachste und preiswerteste Methode, Wände und Decken zu gestalten. Nehmen Sie dafür am besten eine spezielle Dispersionsfarbe für Feuchträume oder einen Anstrich aus Seidenlatex, den man abwischen kann.
- **Tapeten** Eine gemusterte Tapete ist ein gutes Gestaltungsmittel, um in Multifunktionsräumen einen in sich geschlossenen Bereich wie den Essplatz zu definieren. Am besten eignen sich Tapeten mit Vinylbeschichtung.
- **Putz und Ziegel** Beide Materialien schaffen eine sehr warme und gemütliche Atmosphäre. Putz sollten Sie mit einem matten Lack versiegeln, damit er keine Flecken bekommt.
- **Holzvertäfelung** Mit einer Nut-und-Feder-Vertäfelung bekommt die Küche einen rustikalen Look. Das Holz muss versiegelt oder gestrichen werden, um es vor Feuchtigkeit und Flecken zu schützen. Wenn es in der Nähe des Herdes hängt, braucht es eine feuerfeste Beschichtung.
- **Fliesen** Besonders für den Bereich um Herd und Spüle sind Fliesen eine praktische Lösung. Sie sind robust, wasserfest, hitzeabweisend und in unzähligen Formaten, Größen, Farben und Mustern erhältlich. Fliesenspiegel müssen großflächig angelegt sein, damit sie wirken.

OBEN: HOLZWÄNDE IN PASTELLBLAU MACHEN DIESE KÜCHE GEMÜTLICH. WEICHHOLZ MUSS GUT BEHANDELT WERDEN, DAMIT KEIN WASSER EINDRINGEN KANN.

LINKS: DIE STRUKTUR DER GROB VERPUTZTEN UND GESTRICHENEN WAND BILDET EINEN SCHÖNEN KONTRAST ZU DEN GLATTEN FLIESEN.

Bodenbeläge

Wie alle anderen Materialien in der Küche sollte auch der Bodenbelag unter dem Aspekt der Praxistauglichkeit ausgesucht werden.

Praktische Überlegungen

- Langes Stehen auf hartem Untergrund wie einem Steinboden kann strapaziös sein. Nachgiebigere Bodenbeläge wie Holzdielen sind für Füße und Gelenke bequemer.
- Extrem glatte oder polierte Böden sind rutschig und erhöhen darum das Unfallrisiko.
- Überlegen Sie bei der Planung, wie pflegeleicht der Boden sein soll. Viele Beläge brauchen spezielle Pflegemittel und müssen regelmäßig neu versiegelt werden.
- Ziehen Sie auch die Strapazierfähigkeit des Bodens in Betracht und überlegen Sie, wie lange er bei normaler Beanspruchung voraussichtlich halten wird.
- Harte Böden können in offenen Räumen den Geräuschpegel extrem in die Höhe treiben.
- Massive Materialien wie Stein oder Fliesen nehmen Wärme langsam auf und geben sie auch langsam wieder ab. Bei Passivhäusern ist dieser Aspekt ein großes Plus.
- Manche Beläge, beispielsweise Linoleum, haben von Natur aus antibakterielle Eigenschaften und sind für Allergiker gut geeignet. Das kann in Haushalten mit Kleinkindern besonders wichtig sein.
- Bei vielen Bodenbelägen ist es ratsam, einen Fachmann zu beauftragen. Dickere Materialien sollten vor dem Einbau der Schränke verlegt werden, da sie das Bodenniveau um mehrere Zentimeter anheben. Alle Beläge brauchen einen trockenen und ebenen Untergrund.

Schwere Materialien wie Stein müssen auf einem Betongrund oder einem verstärkten Holzboden verlegt werden.

OBEN: KRÄFTIGE FARBEN WIRKEN AM BODEN WENIGER DOMINANT ALS AN DER WAND. GUMMI, LINOLEUM, VINYL UND FLIESEN GIBT ES IN BESONDERS INTERESSANTEN FARBEN.

RECHTS: DER WECHSEL ZWISCHEN KLASSISCHEN SCHWARZWEISS-FLIESEN UND EINEM HARTHOLZBODEN MARKIERT DIE VERSCHIEDENEN WOHNBEREICHE.

Fortsetzung

Bodenbeläge

Materialien

- **Holz** Überlegen Sie, welche Art von Holz Ihren Vorstellungen am nächsten kommt. Am teuersten ist Hartholz, Weichholz ist deutlich günstiger. Furnierte Qualitäten sind preiswerter als solche aus Massivholz. Am billigsten ist Laminat. Denken Sie daran, dass Holz sich vor dem Verlegen 48 Stunden akklimatisieren muss.
- **Naturstein** Kalkstein, Schiefer, Granit, Sandstein, Marmor und Travertin eignen sich hervorragend als Bodenbeläge. Wählen Sie eine matte, raue oder geriffelte Oberfläche, um die Rutschgefahr zu minimieren. Jeder Naturstein muss versiegelt werden, um Flecken zu vermeiden.
- **Fliesen** Bei Fliesen unterscheidet man zwischen Modellen aus Keramik, Porzellan, Glas und Terrakotta. Auch hier sind die Variationen schier endlos. Unglasierte Fliesen müssen ebenfalls versiegelt werden.
- **Linoleum** Dieses hochwertige Naturprodukt gibt es als Fliese oder Meterware und in einer ganzen Reihe von Maserungen und Farben. Linoleum ist strapazierfähig, fußwarm und widerstandsfähig gegen Öl, Fett und Säuren.
- **Vinyl** Auch dieser Kunststoff wird als Fliese und Meterware in vielen Farben, Mustern und Strukturen angeboten. Hochwertiges Vinyl kann teuer sein, die meisten Qualitäten liegen aber in der mittleren Preisklasse. Das Material ist sehr dünn und hebt das Bodenniveau nur minimal an.
- **Kork** Dieses natürliche Material gibt es ausschließlich als Fliese. Die Farbauswahl ist beschränkt, dafür sind die Materialeigenschaften sehr positiv – Kork ist warm, relativ weich und dämmt Geräusche.
- **Gummi** Gummi gibt es als Naturprodukt und aus Synthetik. Das Material macht problemlos alles mit und bietet ebenfalls eine riesige Auswahl an Farben, Texturen und Mustern.

OBEN: WEICHHOLZ LÄSST SICH SEHR GUT VERARBEITEN. HIER WURDEN DIE DIELEN WEISS ANGELEGT, UM DIE KÜCHE HELL UND LUFTIG ZU MACHEN.

LINKS: UNBEHANDELTE STEINPLATTEN GEBEN DEM FUSS GUTEN HALT. STEIN KANN ZIEMLICH KALT SEIN, GIBT EINER KÜCHE ABER VIEL CHARAKTER.

Details

Während das Design den Raum als Ganzes definiert, bestimmen die Details seine Atmosphäre. Je kleiner die Küche, desto mehr rückt der einzelne Gegenstand in den Vordergrund und desto wichtiger werden Ästhetik und praktischer Nutzen.

- Achten Sie auf Kanten und Verbindungen, wenn Flächen – zum Beispiel einzelne Arbeitsplatten oder unterschiedliche Bodenbeläge – aneinanderstoßen. Je enger und dichter die Lücke, desto weniger Schmutz und Bakterien können sich dort absetzen. Ein sauberer Übergang sieht nicht nur schön aus, sondern schützt auch das Material vor dem Abschälen und Splittern.
- Sorgen Sie dafür, dass alle beweglichen Teile wie Auszüge, Schlösser oder Scharniere reibungslos funktionieren, damit Sie sich nicht jeden Tag über klemmende Schubladen oder schleifende Türen ärgern.
- Denken Sie daran, dass kleine Details wie schöne Griffe oder Schalter einen großen Unterschied machen.
- Einheitliche Vorratsgläser sehen gut aus und bringen Ordnung in die Küche.
- Behalten Sie Instandhaltungsmaßnahmen wie das Erneuern von Dichtungen oder das Nachjustieren von Scharnieren im Hinterkopf.
- Berücksichtigen Sie auch weniger offensichtliche Details wie die ausreichende Sicherung von Steckdosen oder saubere Kabelkanäle.

OBEN: EIN ROLLREGAL SCHAFFT ZUSÄTZLICHE ARBEITSFLÄCHE UND IST EINE SCHÖNE AUFBEWAHRUNG FÜR GESCHIRR UND KOCHBÜCHER.

RECHTS: EINE LANGE KONSOLE MIT VERDECKTEN TRÄGERN BEHERBERGT EINE BILDERSAMMLUNG, DIE DER KÜCHE EINE WOHNLICHE NOTE GIBT.

Dekoobjekte

In puncto Küchendekoration scheiden sich die Geister. Puristische Küchen, wo alles hinter Türen verschwindet, wirken oft zu steril. Dagegen sind Küchen, in denen alles Mögliche herumsteht, zum Arbeiten ein Albtraum. Auch und gerade bei dekorativen Objekten gilt die eherne Regel: Nur was ständig in Gebrauch ist hat im Arbeitsbereich eine Daseinsberechtigung.

- Gestelle und Halterungen sind perfekt zur Aufbewahrung der wichtigsten Kochutensilien. In offenen Regalen sind Gewürze, Grundnahrungsmittel und kleine Gerätschaften gut untergebracht.
- Wenn Sie einen Teil der Wand mit Tafelfarbe streichen, können Sie dort Nachrichten und Einkaufslisten notieren. Eine Pinnwand ist ein guter Platz, um Notizen, Rechnungen oder Schnappschüsse aufzubewahren.
- Machen Sie den Essbereich richtig wohnlich. Ein Teppich unter dem Tisch setzt einen warmen Akzent; Fotos oder Drucke sind ein schöner Blickfang.
- Mit die schönsten Dekoobjekte dienen gleichzeitig einem praktischen Zweck: Schalen oder Teller mit Obst und Gemüse – die bei Raumtemperatur oft besser aufgehoben sind als im Kühlschrank – machen Appetit und bringen Farbe in die Küche.

OBEN: DIE GROSSE TAFELFLÄCHE IST IDEAL FÜR SCHNELLE NOTIZEN UND BESCHÄFTIGT KLEINE KÜCHENBESUCHER WÄHREND DES KOCHENS.

LINKS: EINE FARBENFROHE EMAILLESAMMLUNG IST EIN SCHÖNER FARBTUPFER VOR DEN WEISSEN FLIESEN.

Sicherheit

Die meisten Unfälle passieren im Haushalt. Wenn Kinder oder ältere Personen bei Ihnen wohnen, müssen Sie ganz besonders auf Sicherheit achten. Statten Sie Ihre Küche mit speziellen Vorrichtungen wie Zündsicherungen, versenkbaren Schaltern oder einer Herdreling aus.

- Kürzen Sie bei Ihren Küchengeräten die Kabel oder tauschen Sie sie gegen Spiralkabel aus, damit Kinder nicht so leicht daran ziehen können.
- Achten Sie darauf, dass Schalter und Steckdosen genügend Sicherheitsabstand zur Spüle haben.
- Stellen Sie Ihren Herd nicht an ein Fenster.
- Hoch platzierte Backöfen sorgen dafür, dass Kinder sich nicht versehentlich an der heißen Tür verbrennen.
- Halten Sie die Wege zwischen den Arbeitsbereichen möglichst kurz. So reduzieren Sie die Gefahr, dass Sie heiße Töpfe beim Tragen fallen lassen.
- Bringen Sie Sperren überall dort an, wo Messer, Reinigungsmittel und andere gefährliche Gegenstände untergebracht sind.
- Der Boden sollte so rutschfest wie möglich sein.
- Halten Sie einen kleinen Feuerlöscher und einen Erste-Hilfe-Kasten bereit.
- Sorgen Sie für eine ausreichende Beleuchtung aller Arbeitsflächen.
- Achten Sie darauf, dass keine Griffe über den Herdrand ragen.
- Wählen Sie Arbeitsplatten mit abgerundeten Ecken und Kanten.

- Große Glasflächen (besonders Glastüren, die man leicht übersieht) sollten aus Sicherheitsglas sein, damit sie nicht splittern, sondern zu harmlosen Glaswürfeln zerbröckeln, wenn sie zu Bruch gehen.

OBEN: HIER SORGT EINE LICHTLEISTE, DIE IM SOCKEL EINGELASSEN IST, FÜR MEHR LICHT UND SICHERHEIT IN DER KÜCHE.

RECHTS: BEI DIESEN BACKÖFEN HAT MAN DAS ESSEN IMMER IM BLICK. AUSSERDEM SCHONEN SIE DEN RÜCKEN, WENN MAN MIT SCHWEREN TÖPFEN HANTIERT.

Stichwortverzeichnis

Bildnachweis

Der Herausgeber dieses Buchs dankt der Red Cover Picture Library für die Nutzungsgenehmigung zu folgenden Bildern:

6–7 Paul Massey; 10 Paul Ryan-Goff (Architektur: Deborah Berke); 11 Henry Wilson; 12 Tria Giovan (Architektur: Lisa Pope Westerman, aus *Domestic Art – Curated Interiors*, Kapitel »From the Pages of PaperCity« von Holly Moore, Hg.); 13 Henry Wilson; 16 Winfried Heinze; 17 Alun Callender; 18 James Balston (Architektur: MPS); 19 Stuart McIntyre; 20 Johnny Bouchier; 21 Jake Fitzjones (www.martynclarkearchitecture.com); 22 Paul Ryan-Goff (Architektur: Olle Rex Architects); 23 Alun Callender; 24 Jake Fitzjones; 25 Jake Fitzjones; 26 Jake Fitzjones; 28 Paul Ryan-Goff; 29 Winfried Heinze; 30 Jake Fitzjones (Neil Lerner Kitchens); 31 Ed Reeve; 32 Winfried Heinze (Architektur: Klaus Konig); 33 Alun Callender; 34 Simon Scarboro; 35 Andrew Wood; 36 Christopher Drake; 37 Ken Hayden (Design: Nigel Pearce); 38 Richard Holt; 39 Dan Duchars; 40 Niall McDiarmid; 41 Chris Tubbs; 42 Jake Fitzjones; 43 Paul Ryan-Goff (Architektur: Ken Foreman); 44 Winfried Heinze; 45 Mark York; 46 Steve Dalton; 47 Huntley Hedworth; 48 Practical Pictures (New York Roof Garden, Design: Halsted Welles); 49 Debi Treloar; 50 Jake Fitzjones; 51 Johnny Bouchier; 54 Winfried Heinze; 55 Helen Miller (Design: Clare Nash); 56 Douglas Gibb; 57 Chris Tubbs; 58 Henry Wilson; 59 Jake Fitzjones; 60 Douglas Gibb; 61 Jake Fitzjones (Neil Lerner Kitchens); 62 Jake Fitzjones (Architektur: Paul Archer); 63 Ken Hayden; 64 Winfried Heinze; 65 Jennifer Cawley; 66 Jake Fitzjones (Architektur: Alternative Plans); 67 Paul Ryan-Goff; 68 Jake Fitzjones; 69 Jake Fitzjones (Styling: Shani Zion, Auftraggeber: Diverse); 70 Winfried Heinze (Design: Patricia Jocham, Architektur: Klaus Kathan); 71 Mike Daines; 72 Alun Callender; 73 Johnny Bouchier; 74 Johnny Bouchier; 75 Douglas Gibb; 76 Johnny Bouchier; 77 Alun Callender; 78 Evan Skiar; 79 Simon McBride; 80 Paul Massey; 81 Johnny Bouchier; 82 Jake Fitzjones; 83 Henry Wilson; 84 Ed Reeve; 85 Winfried Heinze (Design: Olaf Müller-Eckhardt); 86 Paul Ryan-Goff; 87 Simon McBride; 88 Graham Atkins-Hughes; 89 Christopher Drake; 92 Graham Atkins-Hughes; 93 Graham Atkins-Hughes; 94 Dan Duchars; 95 Andrew Wood; 96 Alun Callender; 97 Stuart McIntyre; 98 Henry Wilson; 99 Debi Treloar; 100 Ed Reeve; 101 Brian Harrison; 102 Andrew Wood; 103 Paul Massey; 104 Johnny Bouchier; 105 Chris Tubbs; 106 Ed Reeve; 107 Tria Giovan; 108 Jake Fitzjones; 109 Johnny Bouchier.

Das Foto auf Seite 2 hat Winfried Heinze für Conran Octopus aufgenommen.

Aus dem Englischen übersetzt von Barbara Meder

1. Auflage

Titel der englischen Originalausgabe: *Essential Kitchens. The Back to Basics Guide to Home Design, Decoration & Furnishing*
2010 erstmals erschienen bei Conran Octopus Ltd
in der Octopus Publishing Group
Endeavour House
189 Shaftesbury Avenue
London WC2H 8JY, Großbritannien
www.octopusbooks.co.uk
A Hachette UK Company
www.hachettelivre.co.uk

Verlegerin: Lorraine Dickey
Lektorat: Elizabeth Wilhide, Sybella Marlow,
Bridget Hopkinson
Herstellung: Jonathan Christie
Bildrecherche: Liz Boyd
Designassistenz: Mayumi Hashimoto
Produktion: Katherine Hockley

Satz der deutschen Ausgabe: Edith Mocker, Eichenau
Produktion der deutschen Ausgabe:
Monika Pitterle/DVA
Coverbild: © Andrew Wood

Printed in China

ISBN: 978-3-421-03845-6

www.dva.de